패들렛 찐 프로 강사 안쌤이 알려 주는

교사를 위한 패들렛

:Padlet

**기초부터 심화까지 / 학생참여형수업 / 샌드박스
패들렛AI / 템플릿 및 기능별 수업 활용 사례**

쉬운 설명	왕초보 선생님도 따라할 수 있도록 아주 쉽게 설명!
바로 활용	바로 활용할 수 있는 템플릿별/기능별 32가지 수업 사례
안쌤 꿀팁	안쌤의 수년간 수업 활용 속 노하우를 모두 다 담았다!
최신 내용	패들렛AI 및 샌드박스 최신 기능 사용법 및 활용 사례 반영

교사를 위한
패들렛

기초부터 심화까지 / 학생참여형수업 / 샌드박스
패들렛AI / 템플릿 및 기능별 수업 활용 사례

초판 1쇄 인쇄 | 2025년 03월 30일
초판 2쇄 인쇄 | 2025년 06월 30일

지 은 이 | 안익재 저
발 행 인 | 김병성
발 행 처 | 앤써북
편 집 진 행 | 조주연
주   소 | 경기도 파주시 탄현면 방촌로 548번지
전   화 | (070)8877-4177
팩   스 | (031)942-9852
등   록 | 제382-2012-0007호
도 서 문 의 | answerbook@naver.com

I S B N | 979-11-93059-49-4 13000

이 책은 저작권법에 따라 보호받는 저작물이므로 무단 전재와 무단 복제를 금하며,
이 책 내용의 전부 또는 일부를 사용하려면 반드시 저작권자와 앤써북 발행인의
서면동의를 받아야 합니다.

※ 책값은 뒤표지에 있습니다.
※ 잘못된 책은 구입한 서점에서 바꿔 드립니다.

들어가는 글

    기술이 교육 환경을 빠르게 변화시키고 있지만, 여전히 많은 선생님들이 에듀테크 활용에 어려움을 느끼고 있습니다. 디지털 도구의 필요성은 인식하고 있지만, 막상 수업에 적용하려고 하면 무엇을 어떻게 시작해야 할지 막막한 경우가 많습니다.
    저 역시 같은 고민을 했고, 실제 수업에서 쉽게 적용할 수 있는 에듀테크 도구를 찾는 것이 중요하다는 사실을 깨달았습니다. 그 과정에서 발견한 도구가 바로 패들렛입니다.
    패들렛은 단순한 온라인 게시판이 아닙니다. 학생들의 참여를 촉진하고, 협업을 유도하며, 다양한 교육 활동을 손쉽게 설계할 수 있는 강력한 에듀테크 도구입니다.
    사실 패들렛에는 수업뿐만 아니라 교사의 업무를 돕는 강력한 기능들이 숨어 있습니다. 수업 자료를 정리하고, 학생들의 의견을 실시간으로 수집하며, 프로젝트 기반 학습(PBL)이나 토론 수업을 효과적으로 운영하는 데 패들렛만큼 유용한 도구는 드뭅니다. 하지만 이러한 다양한 기능을 충분히 활용하지 못하고 단순한 게시판 수준에서만 사용하는 경우가 많아 아쉬웠습니다. 그래서 이 책을 통해 패들렛을 활용한 효과적인 수업 디자인 방법과 실제 활용 사례를 공유하고자 했습니다.
    단순히 패들렛의 기능을 소개하는 데 그치는 것이 아니라, 실제 수업에서 어떻게 적용하면 좋은지, 학생들의 반응은 어떠했는지, 그리고 수업 효과를 극대화할 수 있는 노하우까지 담았습니다.
    이 책은 패들렛을 처음 접하는 초보 교사부터, 이미 사용하고 있지만 더 깊이 있는 활용법을 찾는 분들까지 모두를 위한 안내서입니다. 선생님들께서 원하시는 기능 또는 수업 사례를 쉽게 찾을 수 있도록 목차를 구성하였습니다. 각 목차별로 기능과 사례를 세분화하여 구성하였기 때문에 수업에 필요한 부분을 바로 찾아 학습하실 수 있도록 준비하였습니다. 패들렛을 활용하면 준비 시간이 단축될 뿐만 아니라, 학생들이 더 적극적으로 참여하는 수업을 만들 수 있습니다. 특히 학생들이 자신의 생각을 시각적으로 정리하고, 다른 친구들의 의견을 자연스럽게 접하며 토론하고 협력하는 과정에서 학습의 질이 한층 높아지는 것을 경험할 수 있습니다. 또한 패들렛은 교사들에게도 큰 도움이 되는 도구입니다. 수업뿐만 아니라 교사 간 협업, 학부모와의 소통, 학생 피드백 제공, 자료 정리 등 다양한 교육 현장에서 활용할 수 있습니다.
    저 또한 패들렛을 사용하면서 업무 및 수업에서 많은 도움을 받고 있으며, 많은 선생님들께서 이 책을 통해 패들렛을 적극적으로 사용하시면 좋겠습니다.
    패들렛처럼 직관적이면서도 강력한 도구를 잘 활용하면 교실에서의 작은 변화가 큰 혁신으로 이어질 수 있습니다. 또한 패들렛을 통해 학생들의 사고력과 창의력을 키울 수 있다는 점에서 더 많은 선생님들이 도전해 보길 바랍니다.
    이 책이 패들렛을 활용한 수업 혁신의 첫걸음이 되기를 바라며, 학생들에게 더 나은 배움의 기회를 제공할 수 있기를 진심으로 응원합니다.

저자 안익재 드림

독자 지원 센터

[책 소스 다운로드 / 정오표 / Q&A / 긴급 공지]

이 책의 실습에 필요한 책 소스 파일 다운로드, 정오표, Q&A 방법, 긴급 공지 사항 같은 안내 사항은 PC 기준으로 안내드리면 앤써북 공식 카페의 [종합 자료실]에서 [도서별 전용 게시판]을 이용하시면 됩니다. 앤써북 네이버 카페에서 [종합 자료실] 아이콘(❶)을 클릭한 후 종합자료실 게시글에 설명된 표에서 214번 목록 우측 도서별 전용 게시판 링크 주소(❷)를 클릭하거나 아래 QR 코드로 바로가기 합니다. 도서 전용 게시판에서 설명하는 절차로 책소스 파일 다운로드, 정오표, 필독사항 등을 안내 받을 수 있습니다.

▶ 앤써북 공식 네이버 카페 종합자료실
https://cafe.naver.com/answerbook/5858

▶ 도서 전용게시판 바로가기
https://cafe.naver.com/answerbook/7617

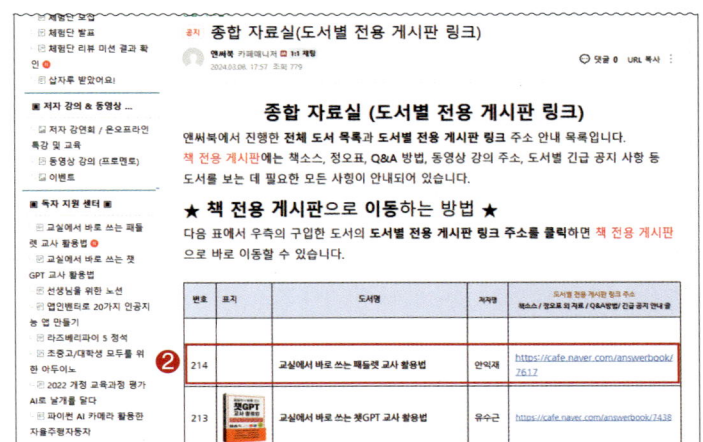

독자 지원 센터

[앤써북 공식 체험단]

앤써북에서 출간되는 도서와 키트 등 신간 책을 비롯하여 연관 상품을 체험해 볼 수 있습니다. 체험단은 수시로 모집하기 때문에 앤써북 카페 공식 체험단 게시판에 접속한 후 "즐겨찾기" 버튼(❶)을 눌러 [채널 구독하기] 버튼(❷)을 눌러 즐겨찾기 설정해 놓거나, 새글 구독을 우측으로 드래그하여 ON으로 설정해 놓으면 새로운 체험단 모집 글(❸)을 메일로 자동 받아보실 수 있습니다.

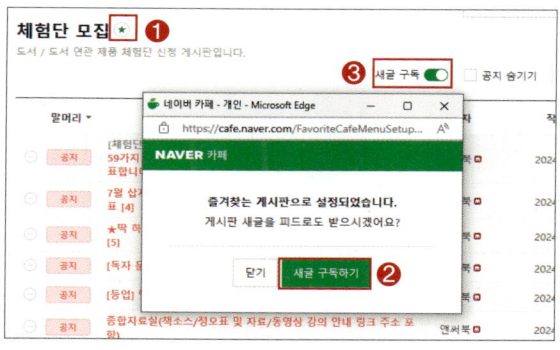

➡ 앤써북 카페 공식 체험단 게시판

https://cafe.naver.com/answerbook/menu/150

▲ 체험단 바로가기 QR코드

[저자 강의 안내]

앤써북에서 출간된 책 관련 주제의 온·오프라인 강의는 특강, 유료 강의 형태로 진행됩니다. 강의 관련해서는 아래 게시판을 통해서 확인해주세요. "앤써북 저자 강의 안내 게시판"을 통해서 앤써북 저자들이 진행하는 다양한 온·오프라인 강의를 확인할 수 있습니다.

➡ 앤써북 강의 안내 게시판

https://cafe.naver.com/answerbook/menu/144

▲ 저자 강의 안내 게시판 바로가기 QR코드

Contents
목차

1장 패들렛(Padlet) 들어가기

1-01 반갑다, 패들렛 • 14
  패들렛을 활용한 수업 사례 살펴보기 • 15

1-02 패들렛, 교사들이 많이 사용하는 이유 • 18
  QR코드를 활용하여 패들렛 게시판을 빠르게 공유할 수 있다 • 18
  로그인 없이 게시물 업로드가 가능하다 • 19
  사용법이 간단하다 • 20
  자료를 한눈에 파악하기 쉽다 • 20
  다양한 템플릿을 활용하여 수업을 구성할 수 있다 • 21
  수업을 도와주는 다양한 기능이 제공된다 • 21

1-03 패들렛 시작하기 • 22

1-04 패들렛 홈 화면 살펴보기 • 25

1-05 초간단 수업용 패들렛 게시판 만들기 • 26
  안쌤의 미니 특강_ 패들렛 형식 이해하기 • 28

1-06 초간단 게시판 메뉴와 기본 설정 기능 익히기 • 33
  게시판 메뉴 살펴보기 • 33
  권한 설정과 공유하기 • 35
  게시판 꾸미기 • 36

Contents
목차

2장 패들렛 기초 기능을 활용한 수업 디자인하기

2-01 우리 반 독서 감상문 쓰기 • 42
　　게시물 업로드하기 • 42
　　게시물 편집하기 • 45
　　수업 실전 활용 01 _ '제목'과 '내용' 입력을 활용하여 독서감상문 작성하기 • 45

2-02 우리 마을 안전 지도 제작하기 • 46
　　검색 기능을 활용해 이미지 첨부하기 • 49
　　수업 실전 활용 02 _ 우리 마을 안전지도 제작하기 • 51
　　안쌤의 미니 특강_ 학급 학예회 영상 자료 업로드하기 • 52

2-03 나의 감정 표현하기 • 54
　　수업 실전 활용 03 _ 나의 감정 표현하기 • 57

2-04 내가 좋아하는 노래 소개하기 • 58
　　유튜브 영상 업로드하기 • 58
　　유튜브 링크 활용하여 영상 업로드하기 • 60
　　수업 실전 활용 04 _ 내가 좋아하는 노래 소개하기 • 62
　　수업 실전 활용 05 _ 지역교류 사례 영상 활용 수업 • 63

2-05 그림으로 속담 표현하기 • 64
　　수업 실전 활용 06 _ 그림으로 속담 표현하기 • 67

2-06 오늘 배운 내용으로 문제 만들기 • 68
　　교실에서 이렇게 활용했어요! • 71
　　수업 실전 활용 07 _ 문제 만들고 풀어보는 활동하기 • 72

2-07 인공지능을 활용하여 그림 그리기 • 73
　　수업 실전 활용 08 _ 영어 문장으로 이미지 생성하기 • 77

Contents
목차

3장 수업을 효과적으로 도와주는 패들렛 기능

3-01 쉽고 빠른 수업 준비를 위한 'QR코드 생성하기' • 80

　교실에서 이렇게 활용했어요! • 81

　수업 실전 활용 09 _ 학급 패들렛 게시판 QR코드로 만들기 • 82

3-02 슬라이드쇼로 작품 감상에 집중도 높이기 • 83

　교실에서 이렇게 활용했어요! • 86

3-03 익명성으로부터 안전한 수업 만들기 • 87

　수업 실전 활용 10 _ 동아리 로고 만들기 대회 결과물 비공개 수합하기 • 90

　수업 실전 활용 11 _ 창의적인 사진 찍기 대회 • 91

3-04 게시판에서 원하는 섹션만 공유하기 • 92

　모둠별 섹션 만들기 • 92

　모둠별 소회의실 링크 만들고 공유하기 • 95

　교실에서 이렇게 활용했어요! • 96

　안쌤의 미니 특강_ 소회의실로 만들어진 링크를 빠르게 QR코드로 제작 하는 방법 • 98

3-05 자료를 간편하게 수합하기 • 100

　수업 실전 활용 12 _ 꿈자랑 발표회 영상 수합 • 103

3-06 학생들에게 패들렛 복사본 제공하기 • 104

3-07 친구가 작성한 게시물 평가하기 • 106

　반응 기능 옵션 살펴보기 • 107

4장 다양한 템플릿을 활용하여 수업에 날개달기

4-01 교실에서 여러 가지 삼각형을 찾아라(담벼락 템플릿) • 110
  수업 실전 활용 13 _ 우리 반 교실 속 삼각형을 찾아라 • 112
  안쌤의 미니 특강_ 담벼락 템플릿 활용 수업 사례 살펴보기 • 113

4-02 다양한 게시물을 주제별로 정리하기(섹션 활용) • 115
  수업 실전 활용 14 _ 모둠별로 섹션 구성 후 자료 수합하기 • 118
  수업 실전 활용 15 _ 학생 이름 또는 번호로 섹션 구성 후 자료 수합하기 • 119
  수업 실전 활용 16 _ 주제별로 섹션 구성 후 자료 수합하기 • 120

4-03 인상 깊게 읽은 책을 전시해요(타임라인 템플릿) • 122
  교실에서 이렇게 활용했어요! • 124
  수업 실전 활용 17 _ 인상 깊게 읽은 책 소개하기 • 125
  수업 실전 활용 18 _ 학생들의 글쓰기 작품 타임라인으로 전시하기 • 125

4-04 스마트하게 토론 수업 진행하기(프리폼 템플릿) • 127
  수업 실전 활용 19 _ 패들렛 캔버스로 스마트하게 토론 수업 진행하기 • 129
  수업 실전 활용 20 _ 캔버스를 활용하여 인물에게 질문하기 • 131
  수업 실전 활용 21 _ 마니또 활동 의미 있게 진행하기 • 133

4-05 우리 주변의 상품은 어디에서 왔을까?(지도 템플릿) • 134
  수업 실전 활용 22 _ 우리 주변의 상품은 어디에서 왔을까? • 137
  수업 실전 활용 23 _ 우리 지역의 축제 조사하기 • 139
  수업 실전 활용 24 _ 지역의 문화재 소개하기 • 140

Contents
목차

5장 샌드박스로 만드는 학생 참여형 수업

5-01 샌드박스 알아보기 • 144

    샌드박스 메인 화면 구성 살펴보기 • 144

    샌드박스 만들기 • 146

    샌드박스 주요 기능 살펴보기 • 147

    샌드박스 카드(슬라이드) 살펴보기 • 148

    카드(슬라이드) 공유 및 권한 기능 살펴보기 • 148

    배경 변경 기능 살펴보기 • 150

    샌드박스 도구 모음 기능 살펴보기 • 152

    샌드박스 설정 기능 살펴보기 • 153

    샌드박스의 공유 기능 살펴보기 • 157

    화이트보드의 그리기와 재생 기능 살펴보기 • 159

    안쌤의 미니 특강_학생들이 다른 친구의 게시물을 허락없이 수정하거나 삭제하면 어떡하죠? • 160

5-02 샌드박스로 수업 디자인하기 • 162

    교실에서 이렇게 활용했어요! • 162

    수업 실전 활용 25 _ 샌드박스 슬라이드 디자인하기 • 165

    수업 실전 활용 26 _ 도시의 문제점 해결 방법 알아보기 • 166

    수업 실전 활용 27 _ 샌드박스로 동료 평가하기 • 168

    안쌤의 미니 특강_학생 작품 사진이 흐릿하다면 이렇게 해보세요. • 170

    수업 실전 활용 28 _ 정보화로 달라진 사회모습 알아보기 • 172

    수업 실전 활용 29 _ 샌드박스로 토론 수업하기 • 174

    수업 실전 활용 30 _ 샌드박스로 학급 회의하기 • 175

6장 패들렛 AI로 쉽고 빠르게 수업에 활용하기

6-01 'AI 추천 레시피' 란? • 178

6-02 'AI 추천 레시피' 활용 방법 • 180

    패들렛 AI로 맞춤 게시판과 게시물 생성하기 • 183

    패들렛 AI로 사건 연대 게시판 만들기 • 185

    수업 실전 활용 31 _ 현대사에 가장 영향을 준 10가지 사건 게시물 만들기 • 188

    패들렛 AI로 역사적 사건 지도 템플렛 만들기 • 189

    수업 실전 활용 32 _ 각 나라의 수도와 인구수를 알아볼 수 있는 게시판 만들기 • 191

    패들렛 AI로 수업 활동 생성하기 • 192

    패들렛 AI로 수업 설계하기 • 194

수업에서 가장 많이 사용되는 에듀테크 도구 패들렛! 이 장에서는 패들렛의 개념과 패들렛의 특징을 알아봅니다. 그리고 패들렛 회원가입을 하는 방법과 패들렛의 전체적인 구성을 살펴봅니다. 마지막으로 수업에 필요한 기초적인 게시판 설정 방법을 익혀봅니다. 그럼 지금부터 패들렛에 대해 자세히 알아볼까요?

P A D L E T

1장

패들렛(Padlet) 들어가기

1-01
반갑다, 패들렛

　예전에는 학생들의 생각과 의견을 공유할 때 종이를 나누어 주거나 메모해서 칠판에 붙이게 했었습니다. 하지만 아래의 그림처럼 포스트잇을 일일이 붙여 사용하려면 여러 가지 불편한 점이 있습니다.

　첫째, 포스트잇으로 의견을 공유하면 글씨가 작기 때문에 아래 그림처럼 하나하나 읽어줘야 됩니다.

　둘째, 내용을 수정하는 경우 새로운 포스트잇으로 자주 교체해야 됩니다.

　셋째, 사용 후 보관과 관리가 불편합니다.

▲ 학생들의 의견을 포스트잇으로 나누는 모습

패들렛은 이러한 불편함을 완벽하게 해소할 수 있고, 더 유용한 용도로 사용할 수 있습니다. 패들렛을 활용하면 교실 속에서 포스트잇을 사용하는 경우가 많이 줄어듭니다.

패들렛(Padlet)은 협업과 창의적인 작업을 위한 실시간 협업 에듀테크 도구입니다. 이미지, 동영상, 링크, 문서 등 다양한 자료를 게시물의 형태로 업로드 가능합니다. 실시간으로 다른 사용자와 의견이나 자료를 공유하거나 피드백이 가능합니다.

▲ 사례1 패들렛으로 실시간으로 자료를 공유하는 모습

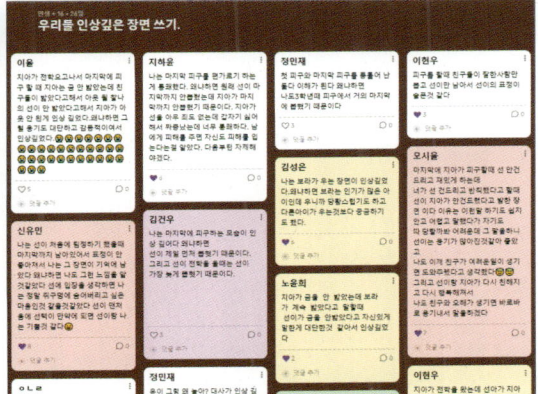
▲ 사례2 패들렛으로 글쓰기 활동을 하는 모습

패들렛을 활용한 수업 사례 살펴보기

패들렛을 활용하면 어떤 수업을 할 수 있을까요? 대표적인 수업 사례를 소개합니다.

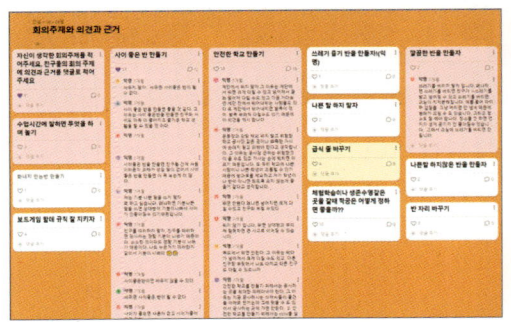
▲ 사례3 '좋아요'와 '댓글' 기능을 활용한 회의 주제 정하기 수업 사례
▲ 사례4 '설문조사' 기능을 활용한 자료 조사하기 수업 사례

1장 패들렛(Padlet) 들어가기   15

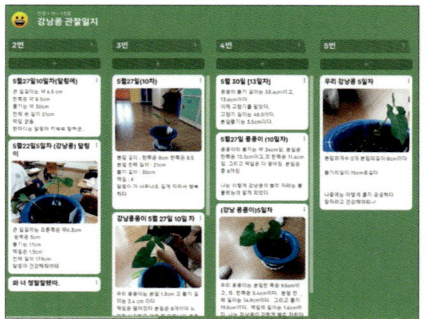
▲ 사례5 '섹션' 기능을 활용한 강낭콩 한살이 관찰 개인 포트폴리오

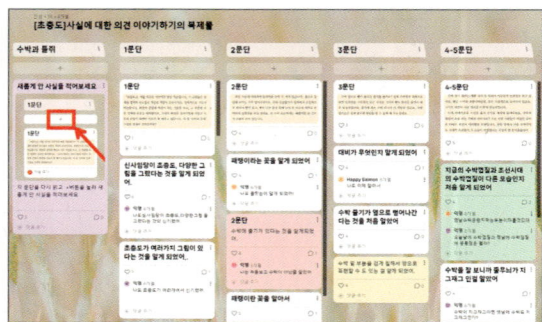
▲ 사례6 교과서 내용을 보며 자신의 생각이나 느낀점 쓰기 수업 사례

▲ 사례7 사진 업로드를 활용한 모둠별 보고서에 필요한 사진 모으기

▲ 사례8 지도 템플릿을 활용한 우리 고장 문화재 소개하기 수업 사례

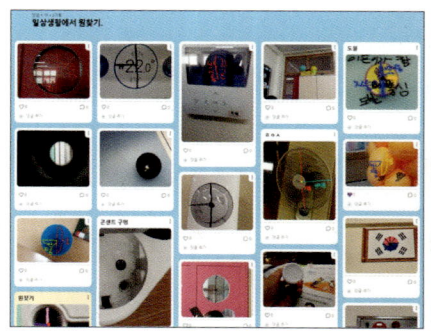
▲ 사례9 사진 업로드를 활용한 우리 주변의 원 찾기 수업 사례

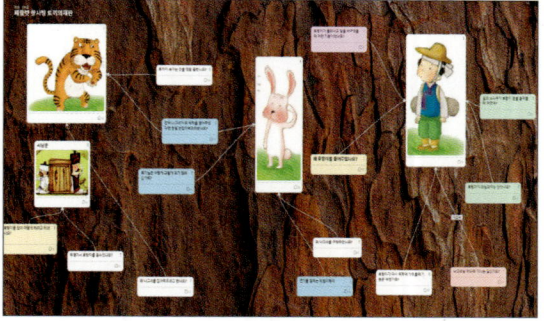
▲ 사례10 캔버스 템플릿을 활용한 인물에게 질문 하기 핫시팅 수업 사례

▲ 사례11 이미지와 글쓰기를 활용한 인상 깊게 읽은 책 소개하기 수업

▲ 사례12 패들렛 유튜브 검색 및 업로드 기능을 활용한 내가 좋아하는 노래 소개하기 수업 사례

1-02 패들렛, 교사들이 많이 사용하는 이유

다양한 방식으로 수업에 활용한 사례를 살펴보았습니다.

그렇다면, 패들렛의 어떤 특징 때문에 교사들이 많이 사용할까요?

이제 교사들이 수업에 활용하는 패들렛의 대표적인 특징 6가지를 알아보도록 하겠습니다.

QR코드를 활용하여 패들렛 게시판을 빠르게 공유할 수 있다

패들렛은 QR코드를 생성할 수 있는 기능을 제공합니다.

교사는 쉽게 QR코드를 생성할 수 있으며, 만들어진 QR코드를 활용하면 학생들이 빠르게 접속할 수 있습니다.

학생들의 접속이 원활하지 않으면 에듀테크 도구 사용에 큰 부담이 될 수 있습니다.

하지만 패들렛은 ❶[QR코드 생성하기] 기능을 제공하기 때문에, 이 기능을 활용하면 수업에 패들렛을 손쉽게 적용할 수 있습니다.

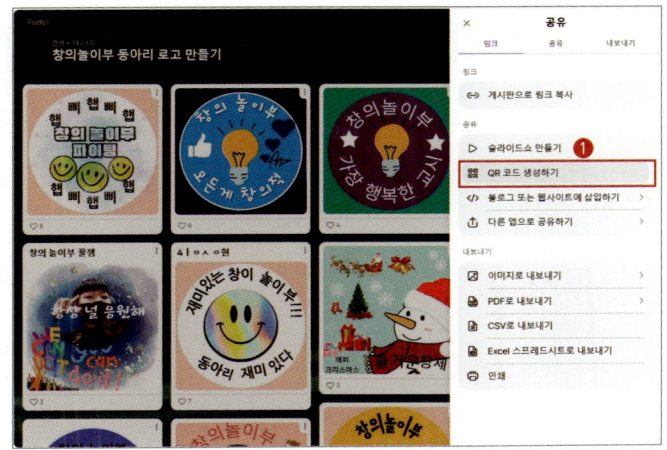
▲ 패들렛으로 만든 게시판

▲ 패들렛으로 만든 게시판 QR코드

로그인 없이 게시물 업로드가 가능하다

　패들렛은 로그인 없이도 학생들이 자유롭게 게시물을 남길 수 있습니다. (단, 이는 관리자가 설정한 방문자 권한에 따라 달라질 수 있습니다.) 수업에 사용되는 대부분의 에듀테크 도구들은 로그인이 필요한 경우가 많습니다. 하지만 매번 로그인을 해야한다면 수업 상황에서 사용하기 불편한 점이 많습니다.

　패들렛은 공유 주소 또는 QR코드만 있으면 게시판에 접속하여 누구나 게시물을 남길 수 있습니다. 로그인 없이 게시물을 업로드할 수 있기 때문에 익명으로 작성됩니다. 이러한 익명성은 학생들의 적극적인 표현을 이끌어낼 수 있으며, 익명성을 잘 활용하면 학생들의 솔직하고 활발한 참여를 유도할 수 있습니다.

사용법이 간단하다

패들렛은 초등학교 저학년 학생들도 사용할 수 있을 정도로 사용법이 간단합니다. 기본적인 게시물 업로드 방법만 익히면 수업에 바로 활용할 수 있습니다. 패들렛에 접속 후 ❶ [+] 버튼만 누르면 쉽게 게시물을 업로드할 수 있습니다.

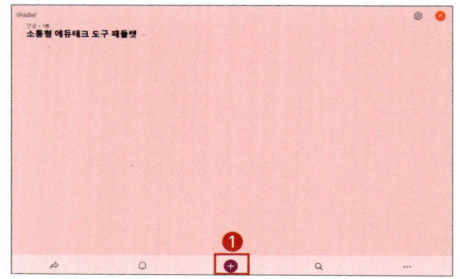

▲ 스마트기기 화면 (가운데에 +버튼 위치)　　▲ PC 화면 (우측 하단에 위치)

자료를 한눈에 파악하기 쉽다

패들렛은 이미지, 영상 등 다양한 자료를 활용하여 게시글을 작성할 수 있습니다. 또한, 게시글을 일정한 카테고리에 따라 다양하게 정리할 수 있습니다. 이미지와 영상 같은 가시성이 높은 자료를 원하는 방식으로 나열할 수 있어, 게시물을 한눈에 파악하기 쉽다는 장점이 있습니다.

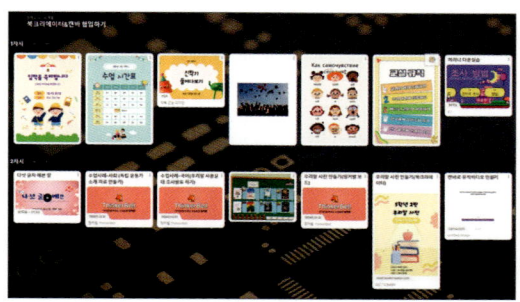 

▲ 일정한 주제에 따라 가로로 게시물을 나열한 경우　　▲ 일정한 주제에 따라 세로로 게시물을 나열한 경우

다양한 템플릿을 활용하여 수업을 구성할 수 있다

패들렛에는 활용할 수 있는 담벼락, 스트림, 타임라인, 그리드, 캔버스, 지도까지 총 6가지 템플릿이 존재합니다. 6가지 템플릿은 저마다 다른 특징을 가지고 있습니다. 각각의 템플릿 특징을 잘 이해하고 활용한다면 내가 원하는 수업을 다양하게 구성할 수 있습니다.

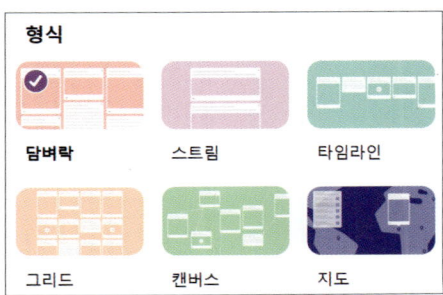

▲ 패들렛에서 제공하는 6가지 템플릿

수업을 도와주는 다양한 기능이 제공된다

패들렛에는 수업을 원활하게 도와주는 다양한 기능이 있습니다. 학생들의 게시물을 사전에 검열할 수 있는 '내용조정 기능', 게시물을 하나씩 집중해서 볼 수 있는 '슬라이드쇼 기능', 동료 평가를 도와주는 '댓글'과 '좋아요' 기능, 내가 원하는 섹션만 공유할 수 있는 '소회의실', 학생들의 게시물을 비공개로 수합할 수 있는 '제출 폼' 등 다양한 기능들을 익혀두면 패들렛을 더욱 효과적으로 사용할 수 있습니다. 위의 기능들은 3장에서 자세히 알아보도록 하겠습니다.

1-03
패들렛 시작하기

패들렛이 무엇인지 알아보았으니 이제 패들렛을 시작해볼까요?

01 패들렛 홈페이지에 접속한 후 오른쪽 상단의 ❶[가입하기]를 클릭합니다. 이미 패들렛 계정이 있다면 ❷[로그인]을 클릭합니다.

- **페들렛 홈페이지**: https://padlet.com/

▲ 패들렛 홈페이지 화면

02 다음과 같이 가입하기 페이지가 나타납니다. 패들렛은 구글, 마이크로소프트, 애플 계정 이외 사용 중인 이메일 계정으로 손쉽게 가입할 수 있습니다. 구글 계정이나 마이크로소프트 계정, 애플 계정이 있다면 각각의 버튼 선택하여 회원가입을 진행합니다. 여기서는 구글 계정으로 진행해보겠습니다. [Google로 가입] 버튼을 누른 후 가입할 계정을 선택 후 패들렛 서비스로 로그인합니다.

▲ 회원가입 방법 선택

▲ 계정 선택

교사의 TIP 패들렛은 첫 가입부터 유료 버전을 사용할 필요는 없습니다. 무료 버전으로 가입한 후 유료 버전을 변경해도 됩니다.

안쌤의 꿀팁 회원가입과 패들렛 요금제

회원가입이 완료되었다면 메인화면 우측 상단의 ❶[로그인]을 누릅니다. 로그인 창이 나타나면 ❷회원 가입한 계정으로 로그인을 진행합니다. 구글 계정으로 회원가입했다면 [Goolgle로 로그인] 버튼을 누릅니다.

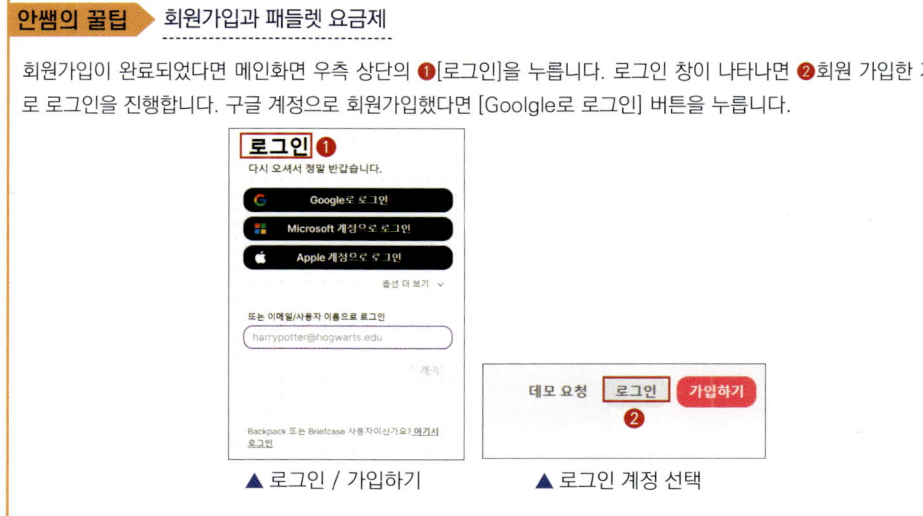
▲ 로그인 / 가입하기　　▲ 로그인 계정 선택

패들렛은 부분 무료로 사용할 수 있는 에듀테크 도구입니다. 더 많은 게시판과 더 많은 용량을 사용하려면 유료 결제를 진행해야 합니다. 패들렛의 요금제를 살펴볼까요?

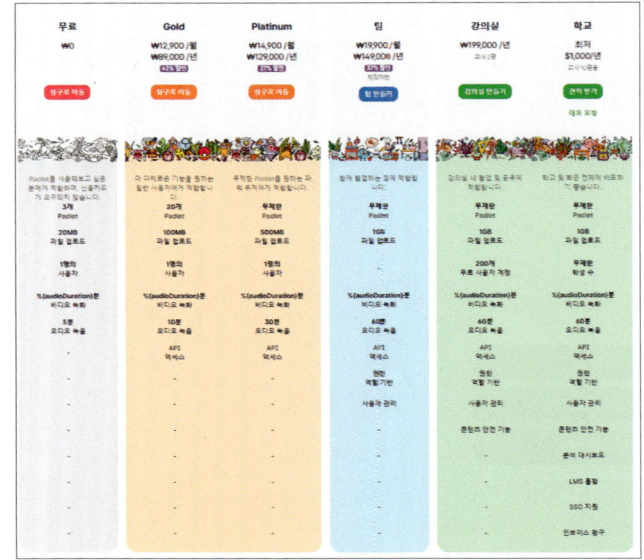

▲ 패들렛 요금제

무료 버전과 유료 버전의 가장 큰 차이점은 만들 수 있는 패들렛의 개수입니다. 무료 버전에서는 패들렛을 3개까지 만들 수 있습니다. 각각의 단계별로 혜택이 다르기 때문에 자신의 사용 정도, 근무 환경에 따라 유료 라이센스를 고려해 보는 것을 추천드립니다.

03 패들렛 홈 화면(메인 화면)입니다. 처음에는 빈 화면이 보이고, 패들렛을 만들었다면 내가 만든 패들렛이 보이게 됩니다. 패들렛 상단 ❶[홈] 또는 ❷[패들렛 로고]를 누르면 패들렛 첫 화면으로 이동합니다.

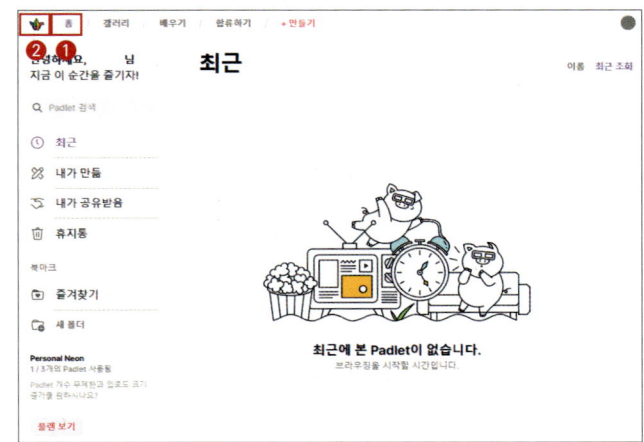

▲ 패들렛 홈 화면(메인 화면)

1-04
패들렛 홈 화면 살펴보기

이제 패들렛의 홈 화면(메인 화면)을 살펴보겠습니다. 패들렛 홈 화면은 어떤 메뉴로 구성되어 있는지 살펴볼까요?

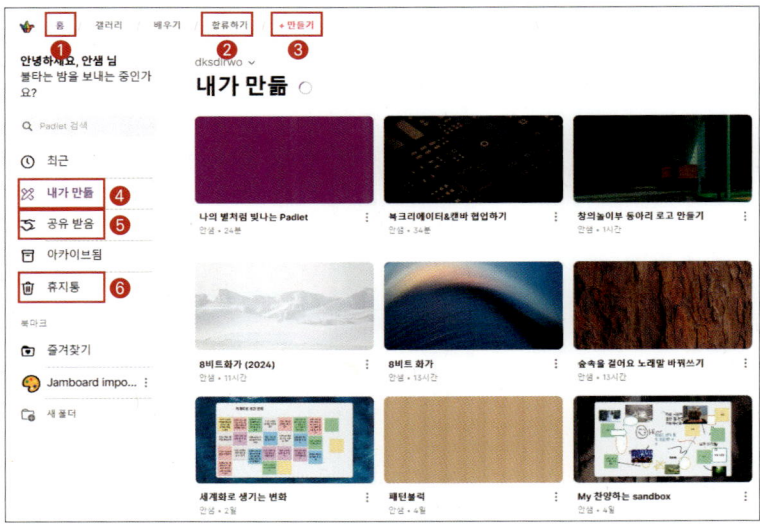

▲ 패들렛 홈 화면(메인 화면)

❶ 홈	어느 위치에서든 패들렛 홈 화면으로 이동할 수 있습니다.
❷ 합류하기	링크 주소를 통해 다른 패들렛으로 접속할 수 있습니다.
❸ 만들기	새로운 패들렛 게시판을 만들 수 있습니다. 새로운 패들렛 게시판과 샌드박스를 만들 수 있습니다.
❹ 내가 만듦	내가 만든 패들렛을 확인할 수 있습니다.
❺ 공유받음	다른 사람에게 공유받은 패들렛을 확인할 수 있습니다.
❻ 휴지통	삭제된 패들렛을 확인할 수 있습니다. 삭제 후 30일 동안 휴지통에 임시 저장됩니다. 임시 저장된 게시판은 휴지통에서 바로 삭제할 수 있습니다.

1-05 초간단 수업용 패들렛 게시판 만들기

이제 수업에 활용하기 위한 패들렛 게시판을 만들어 볼까요?

01 패들렛 홈 화면 상단의 ❶[+만들기]를 클릭합니다.

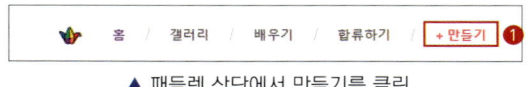

▲ 패들렛 상단에서 만들기를 클릭

02 ❶[새 게시판]을 클릭합니다. 가장 기본적인 빈 게시판이 만들어집니다.

▲ 새 게시판 클릭

03 오른쪽에 새롭게 만들어진 게시판의 기본 형식과 섹션을 설정할 수 있는 창이 나타납니다. 게시판의 ❶[제목]을 입력하고 ❷[형식]과 ❸[완료] 버튼을 클릭합니다. 좌측 상단의 ❹패들렛 로고 [:Padlet]를 클릭하면 패들렛 홈으로 이동합니다.

교사의 TIP 형식과 섹션의 기본 개념은 "28쪽 Special Page"를 참고하고 실습은 "110쪽 4장"을 참고합니다.

▲ 새 게시판 설정 창

04 패들렛 게시판을 생성하면 패들렛 홈 화면에서 Ⓐ추가된 게시판을 확인할 수 있습니다. 패들렛 메인 화면에서 만든 게시판의 ❶[: 버튼]을 클릭하면 게시판 옵션을 확인할 수 있습니다.

▲ 홈 화면에 새 패들렛 추가 됨　　　　　　▲ 패들렛 옵션 확인

1장 패들렛(Padlet) 들어가기　27

안쌤의 미니 특강

패들렛 형식 이해하기

패들렛 게시판은 8개의 형식으로 제작할 수 있습니다. 게시판의 특징과 기능에 따라 담벼락, 컬럼, 그리드, 테이블, 프리폼, 타임라인, 스트림, 지도 8가지로 구분됩니다.

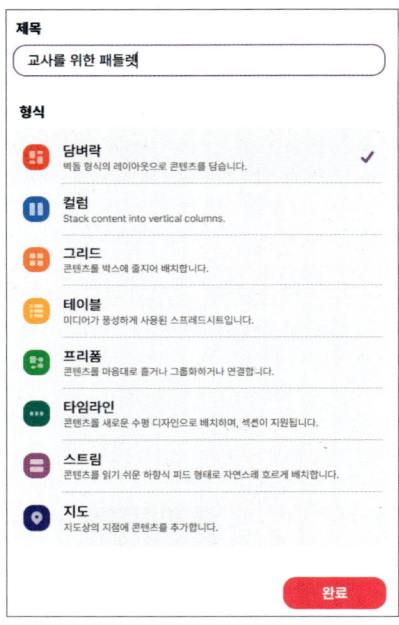

▲ 새 게시판의 형식과 섹션

8가지 형식 살펴보기

게시판의 8가지 형식에 대해서 알아보겠습니다.

❶ **담벼락** : 가장 기본적인 게시판 형태로 벽돌 형식의 레이아웃으로 자유롭게 게시물을 추가할 수 있습니다. 게시물의 크기에 따라 아래 그림처럼 자동으로 배치됩니다. 포스트잇처럼 간편하게 사용할 수 있는 템플릿입니다. 학생들의 다양한 의견을 공유할 때 활용하며, 댓글로 다른 학생의 게시글에 대한 의견을 담을 수 있습니다.

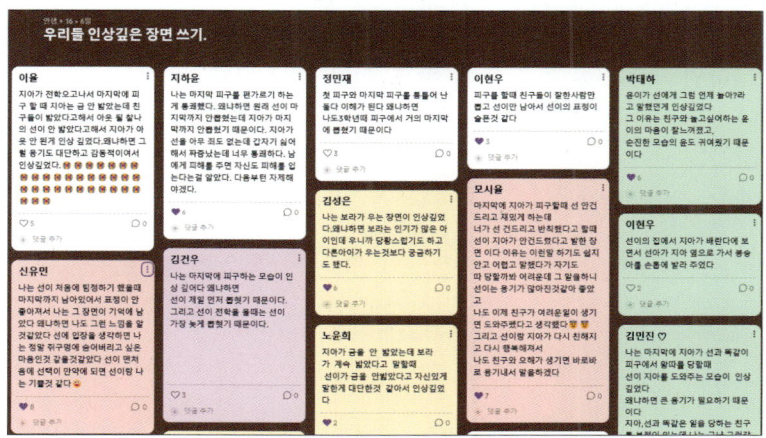

▲ 담벼락 템플릿 활용 사례

❷ 스트림 : 게시물이 작성된 시간 순서대로 읽기 쉽게 세로로 길게 차곡차곡 배치됩니다. 인스타그램이나 페이스북과 같은 형식으로 연대기적 자료 정리할 때 사용할 수 있는 템플릿입니다.

▲ 스트림 템플릿 활용 사례

❸ **타임라인** : 게시물의 크기에 상관없이 게시물을 가로로 계속 배치하는 형식의 템플릿입니다. 학생들의 작품 전시 후 감상 할 때 좋은 템플릿입니다.

▲ 타임라인 템플릿 활용 사례

❹ **그리드** : 게시글을 가로로 격차에 맞춰서 정렬 배치하는 방식입니다. 가로에 4~5개를 알맞게 배열하고, 그 다음 열에 맞추어 배치합니다.

▲ 그리드 템플릿 활용 사례

❺ 프리폼 : 포스트잇을 붙이듯 자유롭게 게시글 위치를 배치하는 방식입니다. 게시물을 자유롭게 이동하고 위치할 수 있는 유일한 템플릿입니다. 또한 연결 기능을 사용하면 게시물을 연결할 수도 있습니다.

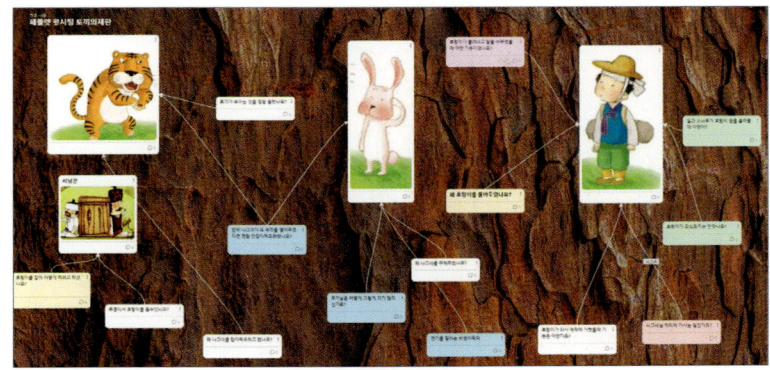

▲ 캔버스 활용 사례

❻ 지도 : 구글맵을 기반으로 한 지도 형식입니다. 지도 상에서 원하는 위치에 좌표를 설정하고 게시글을 작성할 수 있습니다. 나라와 도시, 장소와 관련된 게시글을 작성할 때 활용하면 효과적입니다.

▲ 지도 템플릿 활용 사례

❼ 컬럼 : 컬럼은 주제나 목적별로 게시물을 구분하여 정렬하는 기능입니다. 아래 그림처럼 ❶주제를 나누어 놓으면 학생들은 ❷그 주제에 맞게 게시물을 작성하여 정리할 수 있습니다.

컬럼 형식을 선택하면 하단의 사진과 같이 섹션을 추가하여 활용할 수 있습니다.

▲ 컬럼 활용 사례

❽ 테이블 : 작성한 게시물을 시각화하여 표현하기 좋은 형식입니다. 학생들의 작품을 세로 형식으로 쌓아나가며, 엑셀과 비슷하게 정리하는 효과를 줍니다.

▲ 테이블 활용 사례

1-06 초간단 게시판 메뉴와 기본 설정 기능 익히기

패들렛 게시판의 메뉴와 기본 설정 기능에 대해서 살펴보겠습니다.

게시판 메뉴 살펴보기

01 ❶ 패들렛 [홈]을 클릭하여 메인 화면으로 이동한 후 ❷ 이미 만든 패들렛 게시판을 클릭하여 접속합니다.

▲ 만들어진 패들렛을 클릭하여 접속

1장 패들렛(Padlet) 들어가기 33

02 패들렛 게시판 메인 화면의 우측 메뉴를 살펴보도록 하겠습니다.

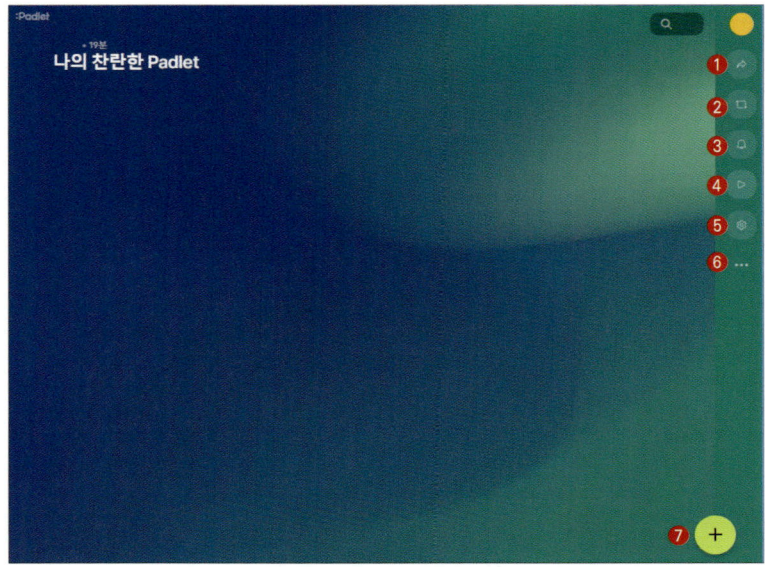

▲ 섹션 활용 사례

❶ 공유	만들어진 게시판의 공유와 관련된 다양한 기능들을 활용할 수 있는 옵션입니다. 대표적으로 '작업자 권한', '소회의실', '제출 폼', '내보내기' 기능을 사용할 수 있습니다.
❷ 복제	만들어진 패들렛 게시판을 복제하는 기능입니다. '배경 화면', '게시물', '댓글', '좋아요'를 선택하여 복사할 수 있습니다.
❸ 알림	게시판의 게시물 업로드 기록에 대한 알림을 확인할 수 있습니다.
❹ 슬라이드쇼	만들어진 게시물을 슬라이드쇼로 감상할 수 있습니다.
❺ 설정	제목, 배경 화면, 글꼴, 형식 등 패들렛의 기본 설정을 변경할 수 있는 옵션입니다.
❻ … 버튼	패들렛 게시판을 삭제하거나, 게시물 전체를 지우는 기능을 활용할 수 있습니다.
❼ + 버튼	[+버튼]을 클릭하면 게시판에 게시물을 업로드할 수 있습니다.

권한 설정과 공유하기

패들렛을 활용한 수업을 하기 전 꼭 필요한 게시판 기본 설정 기능들을 살펴보겠습니다.

03 ❶[공유] 버튼을 클릭합니다.

04 공유 기능의 방문자 권한을 알아보겠습니다. 게시판의 목적에 따라 방문자 권한 설정은 필수입니다. 방문자권한은 기본적으로 '작성자'로 설정되어 있으며, ❶[작성자]를 클릭하면 선택할 수 있는 메뉴가 나타납니다. 수업 목적에 맞는 ❷방문자 권한 설정을 한 후 좌측 상단의 ❸[공유 패널 닫기](×)를 클릭합니다.

▲ 방문자 권한

Ⓐ 접근권한없음	공동작업자만 이 게시판에 엑세스 할 수 있습니다.
Ⓑ 뷰어	방문자가 이 게시판에 엑세스하여 게시물을 보기만 가능합니다. 교사가 업로드 해놓은 자료 공유, 감상 수업을 진행할 때 사용하기 좋은 옵션입니다.
Ⓒ 댓글 작성자	방문자가 게시물에 댓글을 달고 반응을 추가할 수 있습니다. 게시물을 수정하지 못하고 댓글과 반응만 할 수 있기 때문에 학급 또는 학교 공모전에서 작품을 수합하고 투표를 통해 작품을 선정하는 방식으로 활용할 수 있습니다.
Ⓓ 작성자	방문자가 새 게시물을 작성할 수 있습니다. 가장 일반적인 옵션으로 학생들이 자유롭게 게시물을 생성할 수 있어 협업 공유가 필요한 수업 시간에 활용하기 좋습니다.
Ⓔ 콘텐츠 중재자	방문자가 다른 작업자의 게시물을 수정, 추가하고 승인할 수 있습니다. 모든 학생들에게 게시물 편집기능을 주기 때문에 모둠수업에서 활용하기 좋습니다.

▲ 5가지의 방문자 권한

게시판 꾸미기

수업 목적에 맞는 방문자 권한을 설정했다면 게시판을 꾸며주는 기능을 알아보겠습니다.

05 ❶[설정] 버튼을 클릭합니다.

06 설정 창의 머리글 메뉴의 머리글 [제목]과 [설명]을 수정하겠습니다. 여기서는 ❶제목을 "패들렛으로 수업 디자인하기", ❷설명을 "패들렛으로 다양한 수업을 만들어봐요."라고 수정하였습니다. 게시판의 좌측 상단의 제목과 설명이 수정된 것을 확인할 수 있습니다.

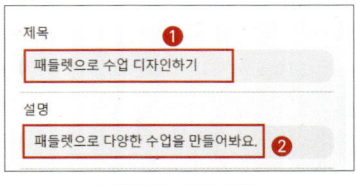
▲ 제목과 설명 편집

▲ 변경된 제목과 설명 확인

07 다음으로는 배경 화면을 바꿔보도록 하겠습니다. ❶[**배경 화면 버튼**]을 클릭하면 색상, 그라디언트, 질감 패턴, 사진, 아트 및 일러스트 등 다양한 배경을 선택할 수 있습니다. ❷여기서는 색상을 선택해보겠습니다. 배경 화면을 선택한 후에는 ❸[**저장**] 버튼을 누르면 좌측 배경 화면이 바뀌는 것을 확인할 수 있습니다.

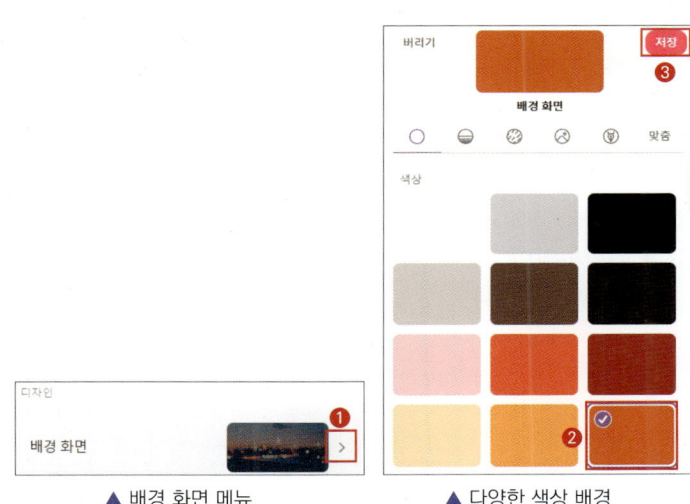

▲ 배경 화면 메뉴　　　　　　▲ 다양한 색상 배경

08 배경 화면 메뉴에서 ❶[**맞춤**]을 선택하거나 ❷우측 슬라이드를 최하단으로 내려가면 ❸**맞춤** 옵션을 사용할 수 있습니다.

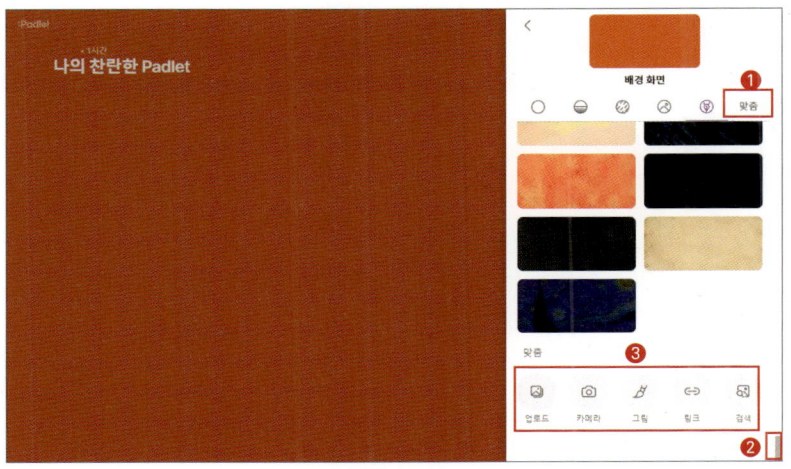

▲ 게시판 배경 화면

맞춤 옵션 기능에 대해서 알아보겠습니다.

▲ 배경 화면 추가 옵션

09 정렬 기준에 대해 알아보도록 하겠습니다. 정렬 기준은 패들렛의 게시물이 쌓여가는 방식을 조정하는 옵션입니다. 패들렛은 기본적으로 최신 게시물이 맨 뒤로 차곡차곡 쌓여가는 정렬 방식으로 설정되어 있습니다. 설정을 통해 게시물 정렬 방식을 바꿔줄 수 있습니다.

▲ 게시판에 게시물이 쌓이는 정렬 방식

10 정렬 기준은 기본적으로 드래그앤 드롭 순으로 설정되어 있고, 새 게시물의 위치는 **최하단**으로 설정되어 있습니다. ❶[**최상단**]을 선택하면 새 게시물이 가장 앞쪽에 업로드 됩니다. ❷**정렬 기준 드롭** 버튼을 눌러 '좋아요' 순으로 게시물을 정렬할 수 있으며, '게시된 날짜 순', '게시물 제목' 순으로도 정렬을 바꿔줄 수 있습니다.

> **교사의 TIP** 정렬 기준 옵션은 수업 중 또는 수업 마무리 단계에서 변경할 수 있습니다. 만약 친구 작품 감상 수업에서 '좋아요' 투표를 통해 진행했다면, 수업 후 '좋아요' 순으로 게시물을 정렬 옵션을 바꿔 최다 득표 받은 한 게시물을 빠르게 찾아볼 수 있습니다.

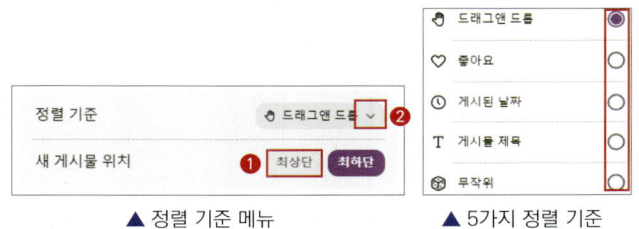

▲ 정렬 기준 메뉴　　　　　▲ 5가지 정렬 기준

11 모든 설정을 완료한 후 ❶[**설정 패널 닫기**](×)] 버튼을 누르면 패널이 닫힙니다.

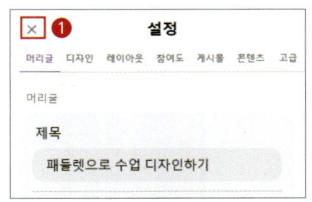

지금까지 패들렛을 활용한 수업 전, 기초적인 게시판 설정에 대해서 알아보았습니다. 조금 더 자세한 내용은 다음 장에서 수업 사례와 함께 다뤄보도록 하겠습니다.

이 장에서는 패들렛을 수업에 활용하기 위해 필요한 게시물 업로드의 기초 기능을 다룹니다. 게시물 업로드, 이미지 업로드, GIF 업로드, 유튜브 링크 삽입 등 수업에 활용할 수 있는 다양한 기초 기능을 살펴보고, 각 기능을 활용한 수업 사례도 함께 알아봅니다. 패들렛의 기본 기능을 익혀 다양한 수업에 활용해 보세요!

P A D L E T

2장

패들렛 기초 기능을 활용한 수업 디자인하기

2-01 우리 반 독서 감상문 쓰기

템플릿 형식 담벼락, 타임라인

수업 형태 학생들의 의견 게시물 업로드하기

패들렛은 여러 사람의 아이디어와 의견을 모아주는 소통형 에듀테크 도구입니다. 따라서 패들렛을 효과적으로 사용하려면 자신의 생각이나 의견을 담은 게시물을 업로드하는 방법을 반드시 알아야 합니다.

이제부터 게시물 업로드 방법에 대해 알아보겠습니다.

게시물 업로드하기

01 패들렛 게시판에 접속 후 ❶[+] 버튼을 클릭합니다. 이때 PC 화면과 스마트 기기의 [+] 버튼 위치가 다르니 꼭 확인해주세요.

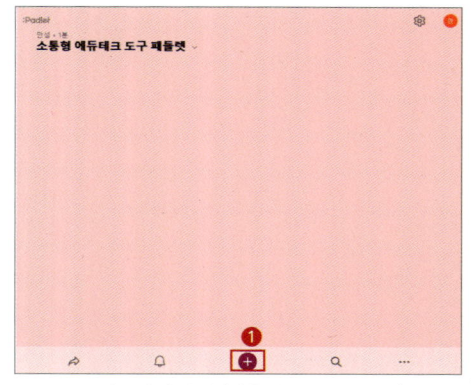
▲ 스마트기기 화면 (가운데에 +버튼 위치)

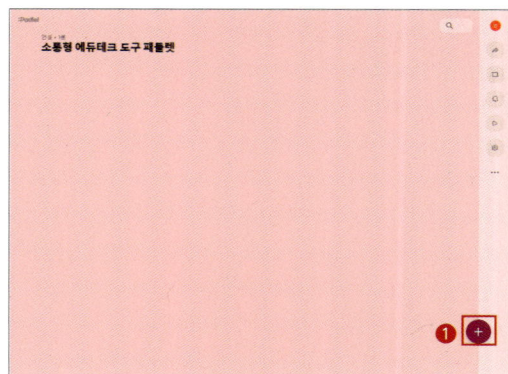
▲ PC 화면 (우측 하단에 +버튼 위치)

02 게시물을 작성할 수 있는 Ⓐ편집창이 활성화된 것을 확인할 수 있습니다.

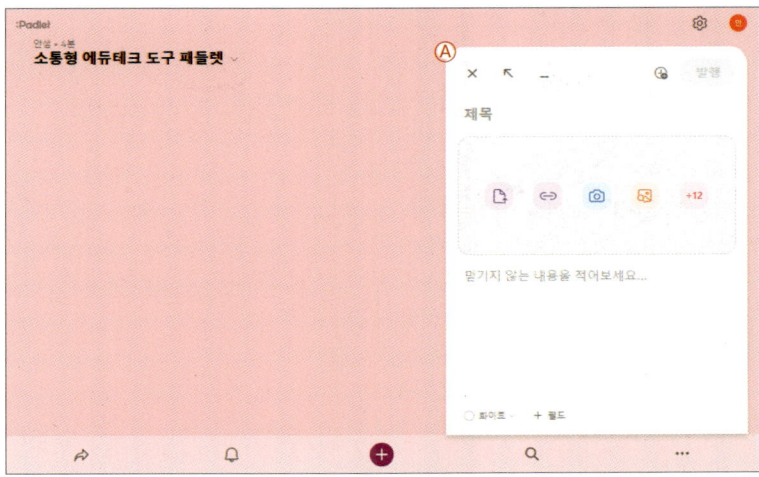

▲ 편집창 화면

03 편집창의 옵션 5가지 버튼을 확인할 수 있습니다. 각각의 기능은 다음과 같습니다.

▲ 게시물 편집창의 5가지 기능 버튼

❶ 업로드	스마트기기 또는 PC에 저장되어 있는 자료를 업로드할 수 있는 버튼입니다.
❷ 링크	링크를 공유할 수 있습니다. 추가할 수 있는 버튼입니다.
❸ 카메라	카메라를 활용하여 촬영할 수 있는 버튼입니다. 단, PC의 경우 내장 카메라가 있어야 됩니다.
❹ 이미지 검색	이미지를 검색하여 업로드 할 수 있는 버튼입니다.
❺ 첨부파일 유형 더보기	추가적인 옵션을 활용할 수 있는 도구 모음 버튼입니다.

04 ❶제목과 ❷내용을 입력 후 ❸[발행] 버튼을 클릭합니다.

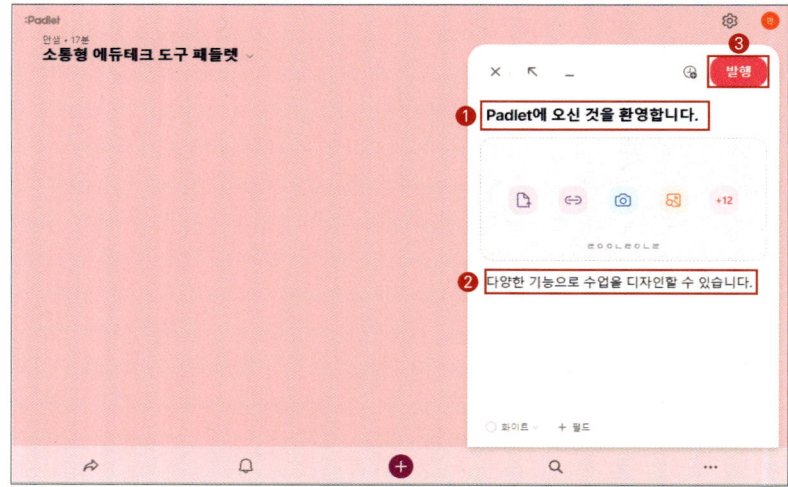

▲ 제목과 내용 입력

05 발행된 게시물을 확인합니다.

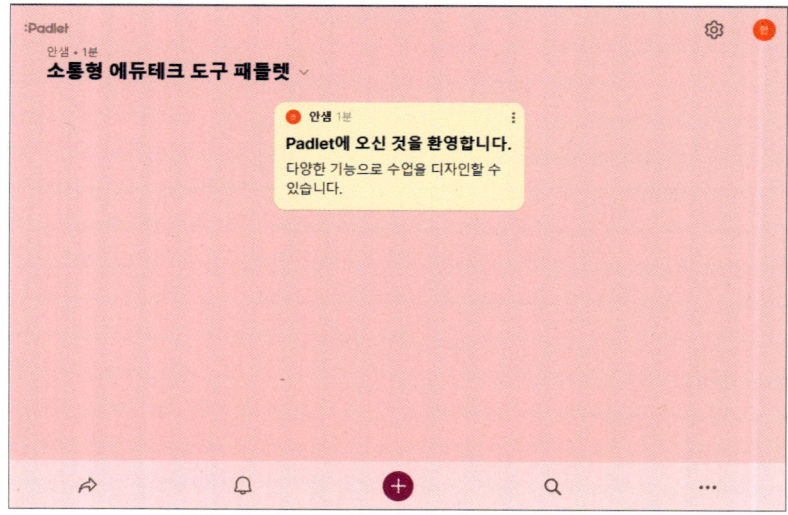

▲ 게시물 업로드 완료

게시물 편집하기

기본적인 게시물을 업로드하였다면, 게시물 편집 방법을 알아보도록 하겠습니다.

06 게시물 우측의 ❶편집(⋮) 버튼을 누르면 다양한 게시물 편집 메뉴를 활용할 수 있습니다. 게시물 편집 메뉴에는 게시물 복제, 게시물 삭제, 게시물 색상 변경 등이 있습니다.

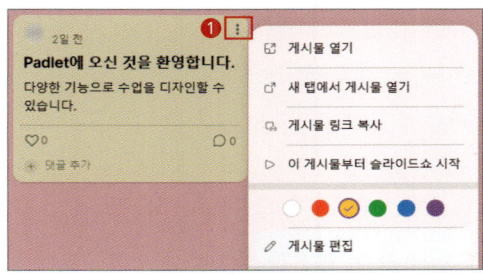

▲ 게시물 편집 메뉴 선택

수업 실전 활용 01 '제목'과 '내용' 입력을 활용하여 독서감상문 작성하기

위와 같은 방법으로 게시물을 업로드하면 패들렛을 활용해 글쓰기, 의견 나누기, 브레인스토밍 활동 등 다양한 수업을 진행할 수 있습니다. 이번에는 기초적인 게시물 업로드 기능을 활용하여 학생들과 진행한 글쓰기 수업 사례를 소개하겠습니다. 학생들은 책을 읽은 후 독서감상문을 작성하고 이를 패들렛에 업로드했습니다. 제목 입력란에는 책 제목을, 내용 입력창에는 책의 인상 깊은 부분, 줄거리, 느낀 점 등을 작성했습니다. 학생들이 작성한 글은 학급 친구들과 공유하며 함께 감상하는 시간을 가졌습니다.

▲ 제목과 내용 입력을 활용한 독서감상문 게시판 사례

2-02
우리 마을 안전 지도 제작하기

템플릿 형식
담벼락

수업 형태
이미지 활용 수업

　패들렛은 간단한 글쓰기를 통해 의견을 수집하고 공유할 수 있어, 다양한 수업에서 효과적으로 활용할 수 있는 도구입니다. 그러나 게시물이 글로만 이루어질 경우, 수업이 다소 딱딱하고 지루하게 느껴질 수 있습니다. 특히 사진 자료가 포함되지 않은 게시물은 학생들의 이해를 돕는 데 한계가 있을 수 있습니다. 반면, 게시글에 다양한 이미지를 추가하면 수업이 훨씬 더 흥미로워지고, 학생들의 이해도를 높이는 데 효과적입니다. 아래 사례를 보면, 왼쪽 사례보다 오른쪽 사례가 시각적으로 더 돋보이며 집중도 또한 향상되는 것을 확인할 수 있습니다.

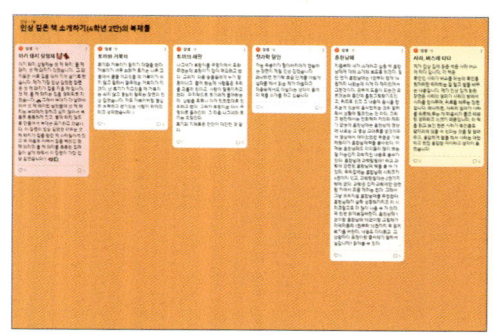 

▲ 이미지가 없는 게시물　　　　　　　　　　▲ 이미지를 추가한 게시물

지금부터 이미지를 업로드하는 방법에 대해 알아보겠습니다.

이미지를 업로드하는 방법은 다음과 같이 두 가지로 나눌 수 있습니다.

첫째, PC나 스마트 기기에 저장된 이미지를 불러오는 방법입니다.

둘째, 패들렛의 자체 검색 기능을 활용해 이미지를 검색하고 첨부하는 방법입니다.

먼저, PC나 스마트 기기에 저장된 이미지를 불러오는 방법부터 살펴보겠습니다.

01 ❶[+] 버튼을 눌러 게시물 업로드 창을 활성화시킵니다.

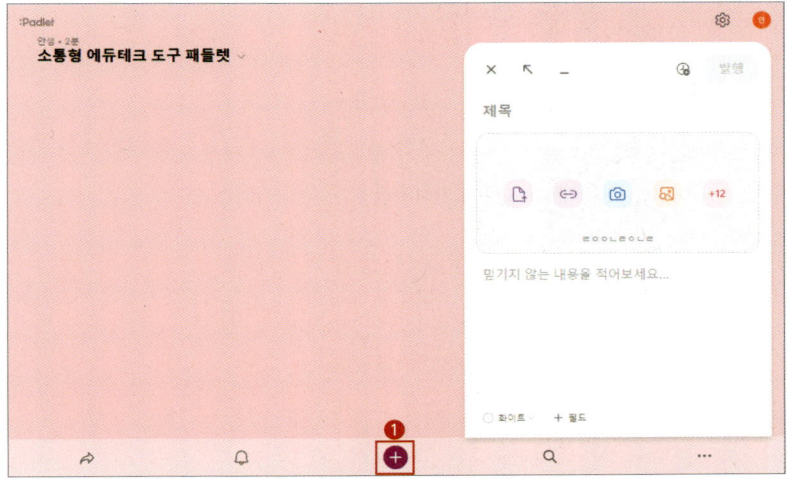

▲ 활성화된 게시물 업로드 창

02 업로드 창에서 ❶[업로드] 버튼을 클릭합니다.

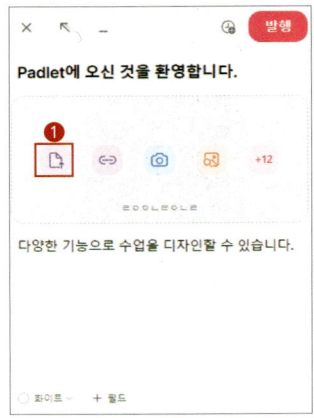

▲ 업로드 버튼 클릭

2장 패들렛 기초 기능을 활용한 수업 디자인하기 **47**

03 원하는 ❶이미지 파일을 선택한 후 ❷[열기] 버튼을 클릭합니다.

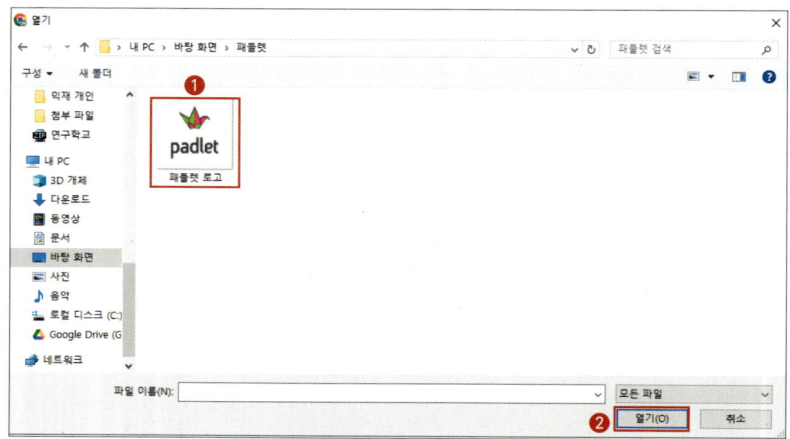

▲ 이미지 선택 후 열기 클릭

04 삽입된 이미지를 확인 후 ❶[발행] 버튼을 클릭합니다.

▲ 이미지 업로드 후 발행 클릭

05 업로드된 이미지 파일을 확인합니다.

▲ 게시물 업로드 완료

검색 기능을 활용해 이미지 첨부하기

다음 방법으로 패들렛 자체 검색기능을 활용하여 이미지를 검색 후 첨부하는 방법을 알아보도록 하겠습니다.

01 업로드 창에서 ❶[이미지 검색] 버튼을 클릭합니다.

▲ 이미지 검색 클릭

2장 패들렛 기초 기능을 활용한 수업 디자인하기 **49**

02 ❶검색창에 단어를 입력(여기서는 "행복")해서 관련 이미지를 검색한 후 검색 결과 중 원하는 이미지를 ❷[클릭]합니다.

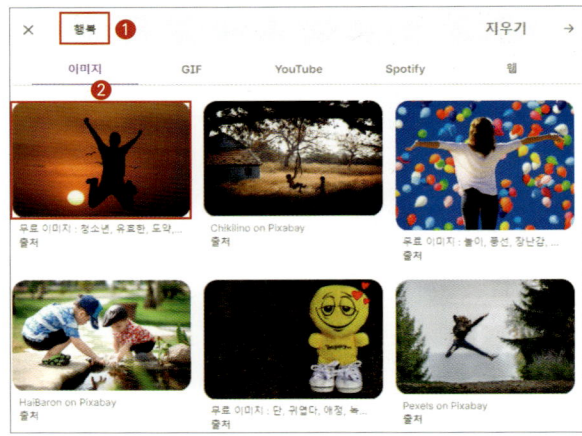
▲ 이미지 검색

03 이미지를 확인 후 ❶[발행] 버튼을 클릭합니다. Ⓐ이미지 파일이 업로드된 것을 확인합니다.

▲ 이미지 확인 후 발행

▲ 업로드된 이미지 파일 확인

수업 실전 활용 02 우리 마을 안전지도 제작하기

다음은 패들렛의 이미지 업로드 기능을 활용한 수업 사례입니다. 이미지 업로드 기능을 이용해 우리 마을의 안전 문제와 관련된 사진을 공유해 보았습니다.

이 수업은 우리 마을의 안전지도를 제작하기 위해, 마을 내 안전과 관련된 문제점을 파악하는 과정으로 시작됩니다. 학생들은 마을 곳곳을 돌아다니며 안전하지 않은 장소를 사진으로 촬영하였습니다. 촬영한 사진은 패들렛의 이미지 업로드 기능을 통해 공유하여 수업을 진행하였습니다.

▲ 우리 마을의 쓰레기 무단 투기 문제   ▲ 학생이 직접 촬영하여 업로드한 게시물 모음

패들렛 게시판에 업로드된 사진을 함께 감상하며 우리 마을의 안전 문제를 파악하였습니다. 사진 자료를 활용함으로써 우리 마을의 안전 문제를 시각적으로 확인할 수 있었으며, 문제점을 한눈에 파악할 수 있었습니다. 또한, 학생들이 개별적으로 촬영한 사진을 한 공간에 모아두었기 때문에 지도 제작에 필요한 사진을 출력하고 제공하기가 편리했습니다. 아래는 출력된 사진을 활용하여 제작한 안전지도입니다.

 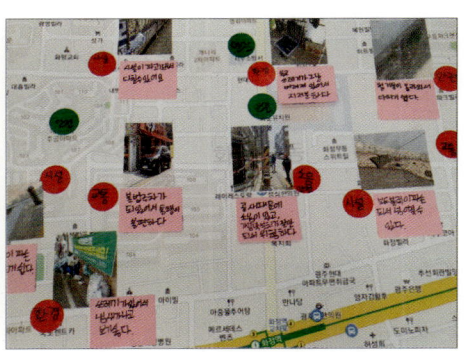

▲ 학생들이 제작한 안전지도 예시   ▲ 학생들이 제작한 안전지도 예시

안쌤의 미니 특강

학급 학예회 영상 자료 업로드하기

Q 패들렛 게시물에 영상 자료도 업로드 할 수 있나요?

업로드 버튼을 클릭하면 이미지뿐만 아니라 영상 자료도 업로드할 수 있습니다. 업로드 버튼을 누른 뒤, 자신이 소장하고 있는 영상 자료를 선택하여 업로드할 수 있습니다.

▲ 업로드 버튼 클릭

다음은 영상 자료를 활용한 학급 운영 사례입니다.

학급 학예회를 진행하며 촬영한 영상을 패들렛에 업로드하여 가정에 공유하였습니다. 영상 자료를 패들렛에 업로드하면 바로 재생이 가능하다는 장점이 있습니다. 또한, 패들렛에 저장된 영상을 통해 학생들의 학예회를 언제든지 다시 감상할 수 있습니다.

▲ 학급 학예회 영상 자료

다음은 학생들의 장기를 뽐낼 수 있는 영상을 가정에서 촬영하여 패들렛에 수합한 학급 운영 사례입니다. 가정에서 촬영한 영상을 패들렛에 공유함으로써 학급에서 함께 확인할 수 있었습니다.

▲ 가정에서 촬영한 영상 공유

2-03 나의 감정 표현하기

템플릿 형식	수업 형태
담벼락	GIF 활용해서 생동감 넘치는 게시물 만들기

　패들렛은 이미지 파일 검색 기능 이외에도 GIF를 검색하여 업로드할 수 있습니다. GIF를 활용하면 보다 생동감 넘치는 게시물을 업로드할 수 있습니다. 그럼 GIF를 업로드하는 방법을 알아볼까요?

교사의 TIP　GIF란 움직이는 그림 형식의 파일입니다.

01 게시물 편집창에서 ❶[이미지 검색]을 클릭합니다.

▲ 이미지 검색 버튼 클릭

02 검색창에 원하는 검색어, 여기서는 ❶"**행복한 이모티콘**"으로 검색한 후 상단 검색 옵션은 ❷[GIF]로 선택하고 검색 결과 중 ❸GIF **이모티콘**을 선택합니다.

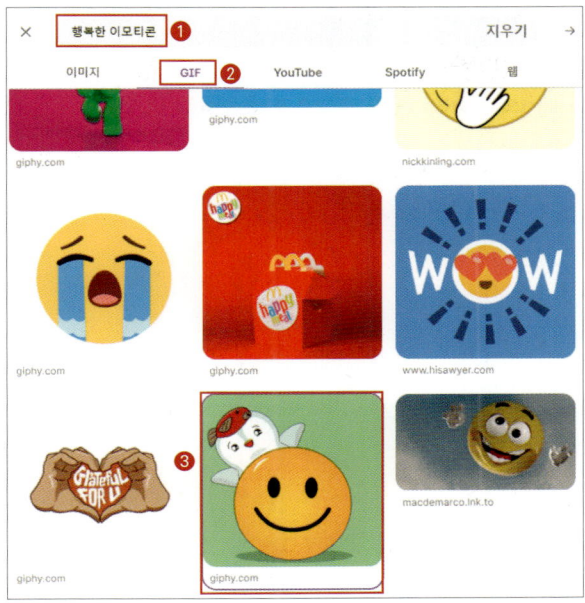

▲ GIF 검색

03 선택한 GIF 이모티콘을 확인 후 ❶[발행]을 클릭합니다.

▲ GIF 확인 후 발행

04 업로드된 게시물을 확인합니다.

▲ 업로드된 게시물

| 안쌤의 꿀팁 | GIF 업로드, 수업에 이렇게 활용하세요! |

❶ 내가 잘 모르는 감정 표현을 GIF를 활용하여 즐겁게 알아볼 수 있습니다. 친구들이 업로드 한 감정표현 GIF를 보고 어떤 감정인지 맞혀보는 퀴즈를 진행해보세요.
❷ 학기 초 아이스브레이킹 활동으로 개학 후 나의 감정을 표현할 수 있습니다. 누구의 감정인지 맞혀보면 더 즐겁겠죠?

수업 실전 활용 03 나의 감정 표현하기

GIF 업로드를 활용하여 어떤 활동을 할 수 있을까요? 등교 후 학생들은 오늘 하루 나의 기분을 표현하는 활동을 진행합니다. 자신의 감정을 제목과 내용에 표현한 뒤 감정과 어울리는 GIF를 검색하여 발행합니다. 움직이는 그림을 통해 오늘 하루의 기분을 더욱 효과적으로 표현할 수 있습니다. 또한 학생들과 함께 감상하는 과정에서 학생들의 웃음꽃이 피어나는 모습을 볼 수 있습니다.

▲ 나의 감정을 표현한 GIF

2-04 내가 좋아하는 노래 소개하기

템플릿 형식
담벼락, 타임라인

수업 형태
유튜브 영상 활용해 수업하기

유튜브 영상을 활용한 수업이 점점 많아지고 있습니다. 학습 목표를 달성하기 위해 유튜브 영상을 활용하면 학습에 대한 이해를 돕고, 수업 몰입도를 높이는 데 효과적입니다. 패들렛을 사용하면 유튜브 영상을 아주 간편하게 업로드하여 수업에 활용할 수 있습니다.

유튜브 영상 업로드하기

이제 패들렛 게시물에 유튜브 영상을 업로드하는 방법을 알아보겠습니다.

01 게시물 편집창에서 ❶[이미지 검색] 버튼을 클릭합니다.

▲ 이미지 검색 버튼 클릭

02 검색창에 원하는 검색어, 여기서는 ❶"**클래식**"으로 검색한 후 상단 검색 옵션은 ❷[YouTube]로 선택하고 검색 결과 중 ❸원하는 유튜브 영상을 선택합니다.

▲ 유튜브 영상 선택

03 삽입할 유튜브를 확인 후 ❶[발행]을 클릭합니다.

▲ 발행 클릭

04 업로드된 게시물을 확인합니다.

▲ 업로드된 유튜브 링크

유튜브 링크 활용하여 영상 업로드하기

　패들렛에서 유튜브 영상을 검색할 수 있지만, 유튜브 링크를 활용하여 영상을 업로드할 수도 있습니다.
　수업에 필요한 영상의 주소(링크)를 복사한 후 게시물 편집창에 링크를 붙여넣기 하면 자동으로 게시물이 삽입됩니다.
　유튜브를 포함한 게시물을 업로드하는 방법을 자세히 알아볼까요?

01 유튜브 홈페이지에서 공유하고 싶은 유튜브 영상을 찾습니다. 영상 우측 하단의 ❶[공유] 버튼을 클릭합니다.

▲ 유튜브 영상에서 공유 클릭

02 ❶[복사]를 클릭합니다. 유튜브 주소가 복사되었습니다.

▲ 유튜브 링크 복사

03 ❶패들렛 게시물 편집창을 연 후 붙여넣기(Ctrl + V)하면 영상이 자동으로 업로드 됩니다. 업로드할 영상이 삽입된 것을 확인한 후 ❷[발행]을 클릭합니다

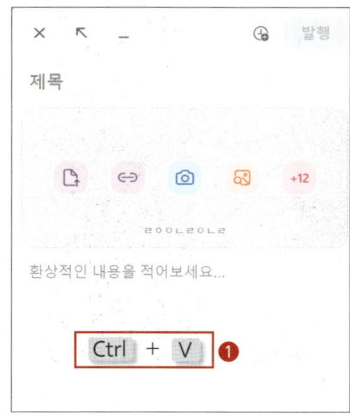

▲ 편집창을 연 상태에서 붙여넣기

▲ 영상 확인 후 [발행] 클릭

2장 패들렛 기초 기능을 활용한 수업 디자인하기 61

수업 실전 활용 04 | 내가 좋아하는 노래 소개하기

유튜브를 업로드 기능은 어떤 수업에 활용할 수 있을까요? 지금부터 소개할 수업 사례는 음악 교과에서 '내가 좋아하는 노래 소개하기' 수업입니다. 내가 좋아하는 노래를 조사한 후 유튜브 검색 기능을 활용하여 패들렛 게시물을 업로드 하였습니다. 제목에 소개하고 싶은 노래명을 적고, 내용에 소개하는 까닭을 적어 친구들과 공유했습니다. 유튜브 업로드 기능을 활용하면 친구들이 어떤 노래를 추천했는지 클릭을 통해 확인할 수 있으며, 노래를 바로 재생할 수 있다는 장점이 있습니다. 또한, 유튜브 광고 없이 바로 영상을 시청할 수 있습니다.

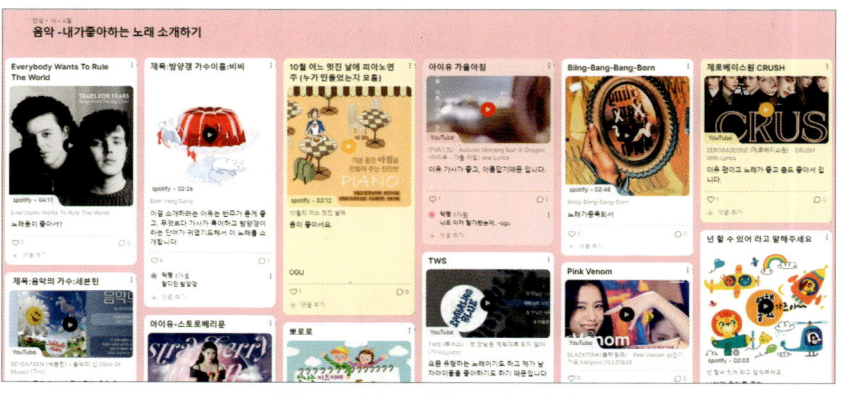

▲ 유튜브로 내가 좋아하는 노래 소개하기

또한 패들렛 게시물의 [재생] 버튼을 클릭하여 영상이 재생될 때, 유뷰트 사이트에서 보이는 연관 동영상이 화면에 보이지 않아 학생들이 해당 영상에 온전히 집중할 수 있습니다.

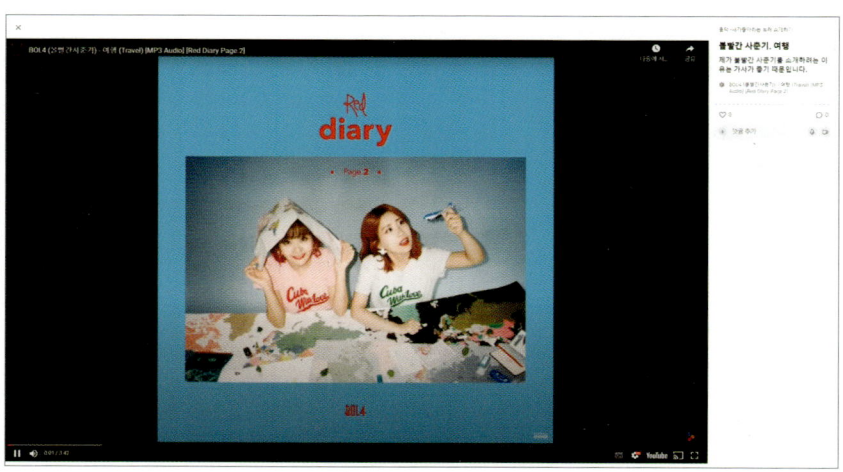

▲ 연관 동영상이 동영상이 보이지 않는 모습

| 수업 실전 활용 05 | 지역교류 사례 영상 활용 수업 |

지역교류 사례의 다양한 뉴스자료를 활용하는 수업에 유튜브 영상을 활용하였습니다. 학생들이 수업 시간에 시청해야할 영상을 패들렛 게시판에 미리 올려둔 상태로 학생들을 패들렛에 접속시킵니다. 학생들은 유튜브에 직접 접속하지 않고, 패들렛 내에서 필요한 영상만 시청할 수 있어 훨씬 몰입하는 수업을 진행할 수 있습니다.

▲ 영상 활용 수업

| 안쌤의 꿀팁 | YouTube 업로드 기능 생활지도에 활용해요. |

학급 생활지도에 패들렛을 활용할 수 있습니다. 학생들의 사연을 담은 우리 반 라디오 활동을 추천드립니다. 교실에 패들렛 QR코드를 붙여놓고 매일 사연을 받습니다. 사연과 함께 온 노래를 들으며 하루의 분위기를 풀어주며 수업을 시작합니다. 익명으로 사연을 받기 때문에 학생들의 진지한 마음 속 이야기를 들어볼 수 있습니다. 사연과 함께 적절한 노래를 선곡하여 유튜브로 업로드하면 끝! 우리 반 생활교육으로 패들렛 유튜브 업로드를 활용해보세요.

2-05
그림으로 속담 표현하기

템플릿 형식
담벼락, 타임라인

수업 형태
그리기 활용 수업

지금까지 글, 이미지, 영상 등을 활용해 패들렛 게시물을 업로드하는 방법을 알아보았습니다. 이번에는 조금 색다른 방법으로 게시물을 업로드하는 기능을 배워보겠습니다.

학생들이 직접 그림을 그려서 게시물을 업로드할 수 있는 방법인데요. 패들렛의 그리기 기능을 활용하면 됩니다. 이 기능을 통해 학생들은 자신의 생각이나 이미지를 그림으로 표현할 수 있어, 창의력이 샘솟는 수업을 진행할 수 있습니다.

그럼, 그리기 기능을 사용하는 방법을 알아볼까요?

01 게시물 편집창에서 ❶[+12] 버튼을 클릭합니다.

> **교사의 TIP** [+12] 버튼 속 숫자(+12)는 패들렛 버전에 따라 다를 수 있습니다.

▲ [+12] 클릭

02 ❶[그리기]를 클릭합니다

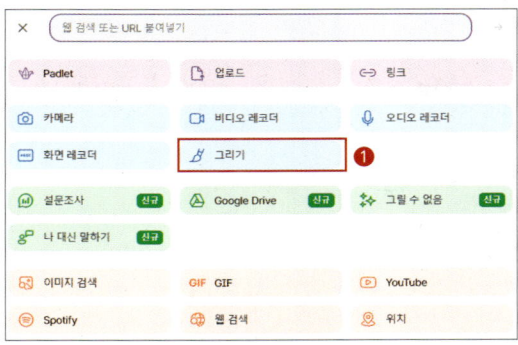

▲ [그리기] 선택

03 ❶표현하고 싶은 이미지를 그린 후 ❷[저장]을 클릭합니다.

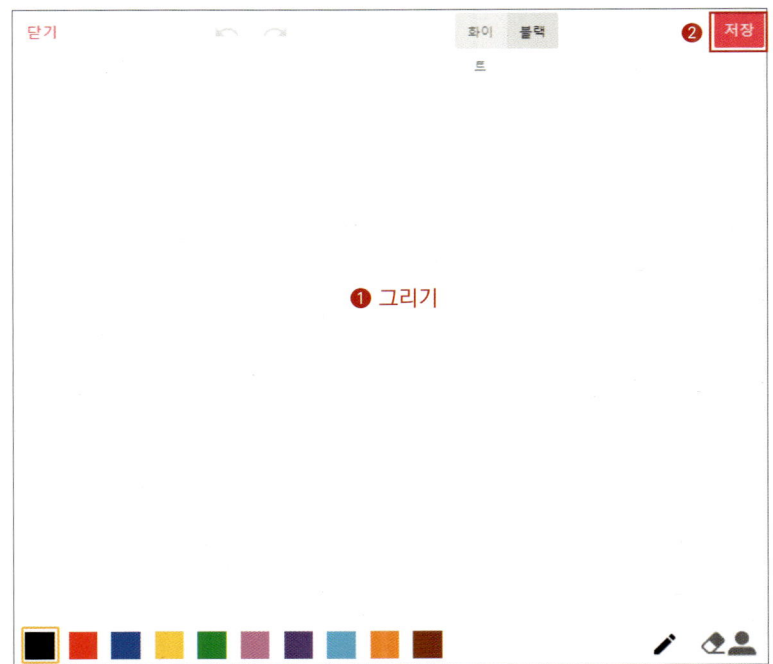

▲ 그리기 편집창

04 ❶[발행]을 클릭하여 게시물을 업로드 합니다.

▲ 그리기 후 [발행] 클릭

> **안쌤의 꿀팁**   그리기 기능 이렇게 활용해요
>
> ❶ 학기 초 친구의 얼굴을 그려서 업로드합니다. 어떤 친구의 얼굴인지 맞혀보며 즐거운 수업을 만들어봅니다.
> ❷ 속담을 그림으로 표현 후 친구들과 그림 속 속담 맞히기 놀이를 통해 즐겁게 학습할 수 있습니다.

수업 실전 활용 06 그림으로 속담 표현하기

그리기 기능을 활용한 수업 사례를 소개합니다. 수업 시간에 다양한 속담을 배운 후 그림으로 표현하며 다시 한번 공부하는 시간을 가졌습니다. 그림으로 속담을 표현하면 다시 한번 속담을 생각하게 되고, 어떻게 표현할지 고민하면서 속담과 익숙해질 수 있습니다. 그림으로 표현한 속담은 학생들과 함께 보며 맞혀보세요. 속담을 단순히 외우기만 했던 수업보다 훨씬 의미 있고 즐거운 수업을 진행할 수 있습니다.

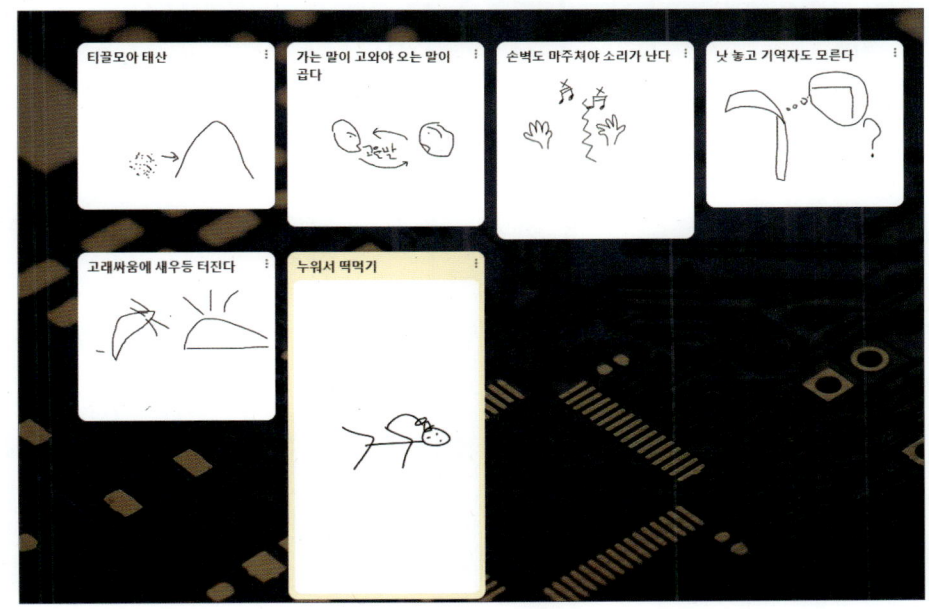

▲ 속담 그림으로 표현하기

2-06
오늘 배운 내용으로 문제 만들기

템플릿 형식
담벼락, 타임라인, 스트림락

수업 형태
설문조사

학급에서 설문조사를 실시할 때 어떤 에듀테크 도구를 활용할지 고민이 많으셨죠? 패들렛의 설문조사 기능을 활용하면 학급에서 결정할 사항에 대해 빠르고 간편하게 설문조사를 진행할 수 있습니다.

패들렛 설문조사 기능은 익명으로 투표할 수 있다는 장점이 있으며, 투표 결과를 실시간으로 확인할 수도 있습니다.

그럼, 패들렛 설문조사 기능을 알아볼까요?

01 게시물 편집창에서 ❶[+12] 버튼을 클릭합니다.

▲ [+12] 클릭

02 ❶[설문조사]를 클릭합니다.

▲ [설문조사] 클릭

03 질문 문항과 보기에 각각 내용을 입력합니다. 보기에는 2개부터 최대 4개까지 입력할 수 있습니다. 여기서 ❶[질문 문항]은 "내가 좋아하는 계절은?", ❷[보기]는 각각 "봄", "여름", "가을", "겨울"을 입력합니다. 입력을 마친 후 ❸[추가]를 클릭합니다.

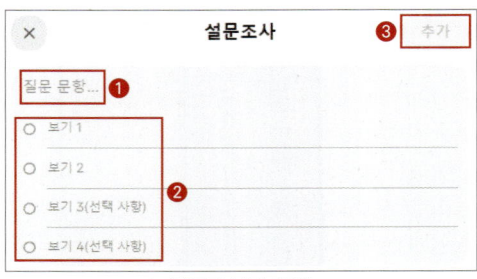

▲ 질문과 보기 입력

04 게시물의 제목, 내용을 입력을 끝낸 후 ❶[발행]을 클릭합니다.

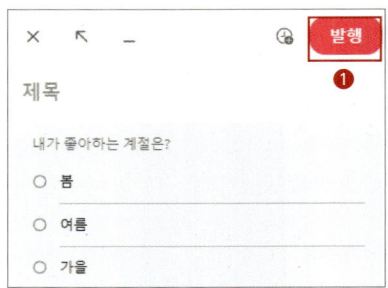

▲ 게시물 업로드

05 업로드된 게시물을 확인합니다.

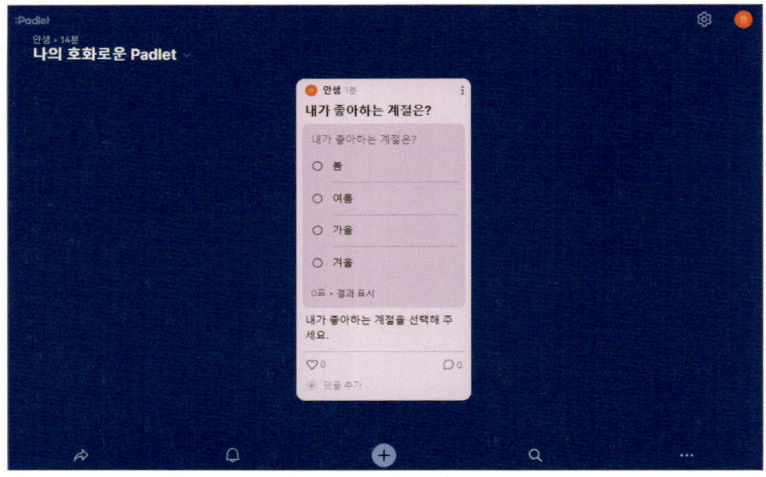

▲ 업로드된 게시물 확인

06 설문에 참여하고 싶다면 ❶원하는 항목을 클릭 후 ❷[투표]를 클릭합니다.

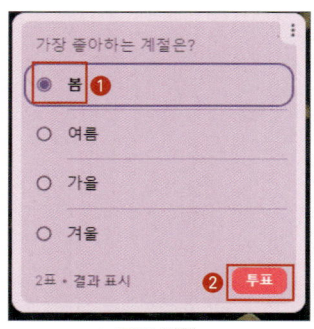

▲ 투표 진행

07 투표 결과는 바로 확인할 수 있습니다. 결과는 비율(%)로 제시되며, 투표 후 수정은 불가능합니다.

▲ 투표 실시

교실에서 이렇게 활용했어요!

설문조사 기능을 활용하면 다음과 같이 다양한 주제의 학급 투표를 진행할 수 있습니다.

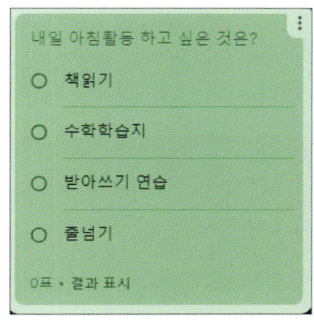
▲ 아침활동 하고 싶은 것은?

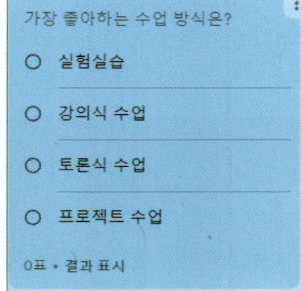
▲ 가장 좋아하는 수업 방식은?

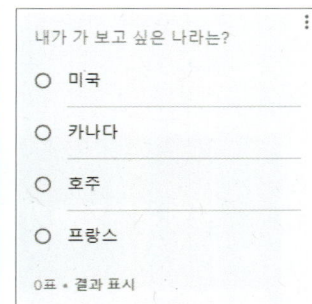
▲ 여행가고 싶은 나라는?

또는 다음과 같이 학생들 스스로 조사하고 싶은 내용을 정한 후 설문조사를 만들어 학급 전체 설문조사를 진행할 수 있습니다. 조사한 결과를 바탕으로 비율그래프 그리는 활동으로 연계할 수 있습니다.

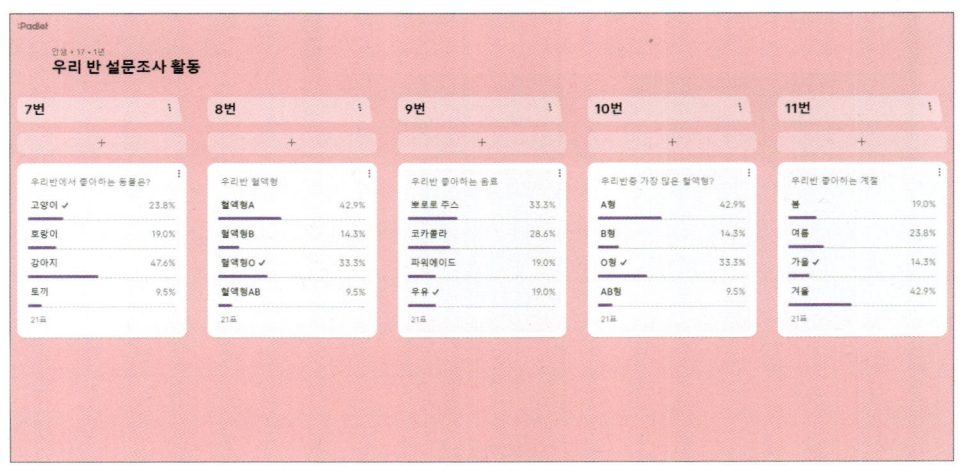
▲ 우리 반 설문조사 활동

수업 실전 활용 07 · 문제 만들고 풀어보는 활동하기

설문조사 기능을 활용하여 퀴즈를 만든 후 학생들과 함께 풀어보는 활동을 진행했습니다. 사회 단원 정리 시간을 활용하여 교과서를 다시 보며 문제를 제작했습니다. 만든 문제는 설문조사 기능을 활용하여 객관식 문제로 만들었습니다. 모든 학생들이 문제를 만들고 나면 친구들의 문제를 풀어보는 시간을 가져보았습니다. 다른 친구들이 만든 문제를 풀어보며 단원 마무리 학습을 즐겁게 진행할 수 있었습니다.

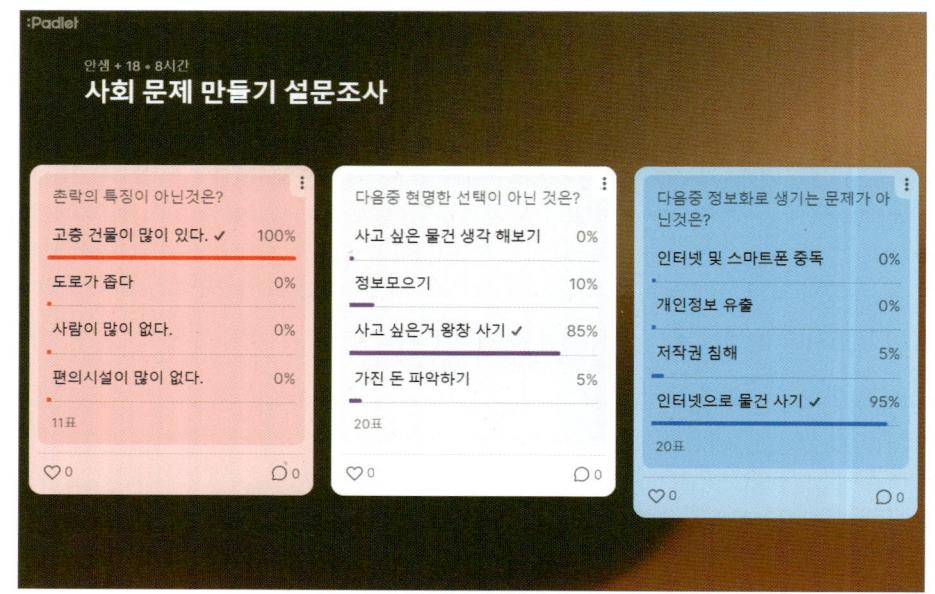

▲ 사회 문제 만들기 활동

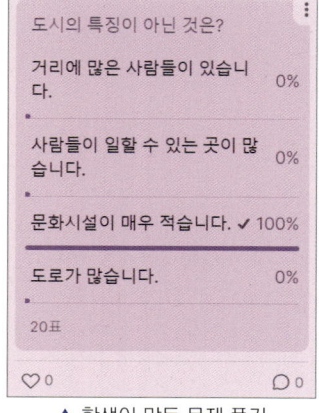

▲ 학생이 만든 문제 풀기

2-07 인공지능을 활용하여 그림 그리기

템플릿 형식
담벼락, 그리드

수업 형태
텍스트로 이미지를 생성하는 기술(Text to image)

텍스트 입력으로 이미지를 생성하는 기술(Text to image)은 인공지능의 발전을 체감하게 해주는 대표적인 사례입니다. 패들렛에서 텍스트를 분석해 이미지를 생성해주는 기술(Text to image)을 사용할 수 있습니다.

패들렛에서 인공지능이 그려주는 그림(Text to image)을 사용하는 방법을 알아볼까요?

01 게시물 편집창에서 ❶[+12] 버튼을 클릭합니다.

▲ [+12] 클릭

2장 패들렛 기초 기능을 활용한 수업 디자인하기 73

02 ❶ [AI이미지]를 클릭합니다.

▲ [AI이미지] 클릭

03 입력 상자에 그리고 싶은 내용을 입력합니다. 한글보다는 영어로 입력했을 때 신뢰도가 높은 이미지가 생성됩니다. 여기서는 ❶"I like Pizza"라고 입력하겠습니다. ❷[제출](→) 버튼을 누릅니다.

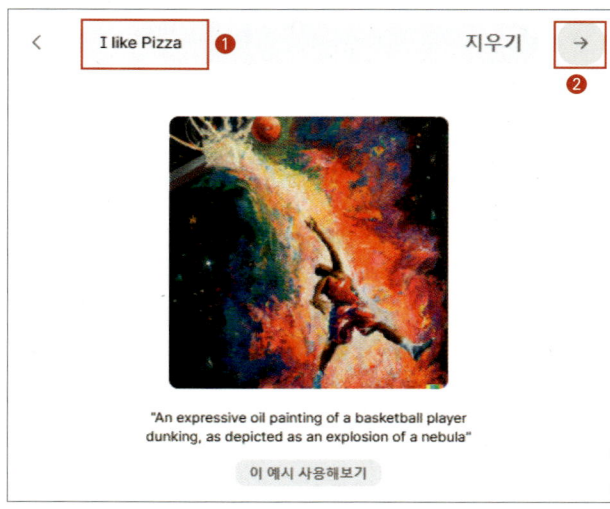

▲ 그리고 싶은 내용 입력

04 생성된 4가지의 이미지 중 마음에 드는 ❶이미지를 선택합니다. 선택한 이미지가 자동으로 업로드됩니다.

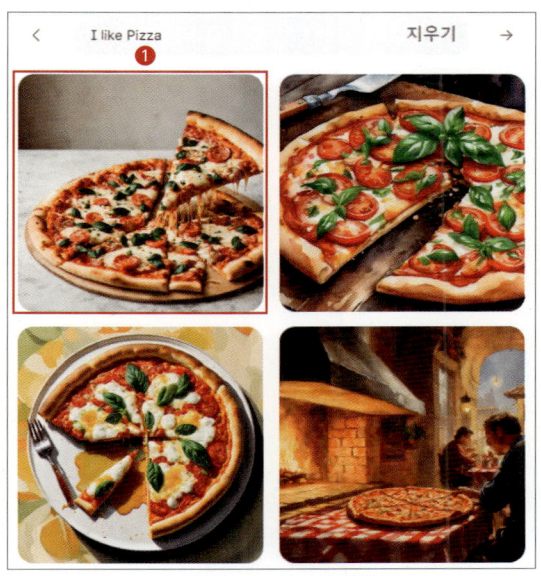

▲ [마음에 드는 이미지 선택]

05 ❶제목과 ❷내용을 입력 후 ❸[발행]을 클릭합니다.

▲ 이미지 확인 후 [발행] 클릭

2장 패들렛 기초 기능을 활용한 수업 디자인하기 75

06 업로드된 게시물을 확인합니다.

▲ 업로드된 게시물 확인

안쌤의 꿀팁

학생들이 영어로 검색하기 어려울 땐 파파고 번역기를 사용하면 좋아요.

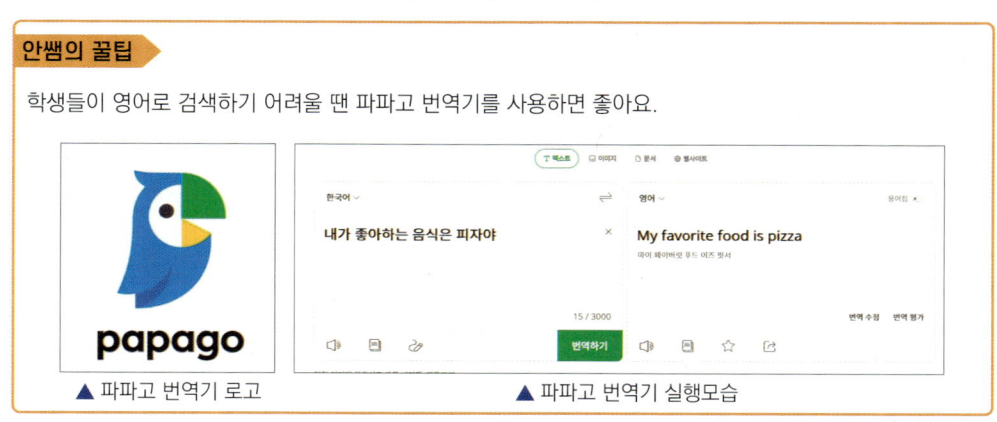

▲ 파파고 번역기 로고　　　　　▲ 파파고 번역기 실행모습

수업 실전 활용 08 영어 문장으로 이미지 생성하기

패들렛에서 지원하는 Text to image 기능은 영어로 검색해야 신뢰도가 높은 결과를 기대할 수 있기 때문에 대체로 영어 수업에 활용합니다. 수업 시간에 배운 문장의 핵심 문구를 활용하여 문장을 적고 이미지를 생성합니다. 학생들은 이미지를 생성하며 오늘 배운 문장을 복습할 수 있습니다.

▲ 영어 문장으로 이미지 생성하기

또한 생성된 이미지를 보고 친구들이 어떤 영어 단어와 문장을 사용하였는지 맞혀보는 퀴즈 활동으로 수업을 진행할 수 있습니다.

▲ 제목 삭제 후 사진을 보고 핵심 문장 말하기 퀴즈

이 장에서는 수업의 효율성을 높이는 다양한 패들렛 기능을 소개합니다. QR코드를 활용한 간편한 수업 준비부터, 모둠 활동 시 방해 없이 진행할 수 있는 소회의실 기능까지, 수업을 원활하게 운영할 수 있도록 돕는 다양한 기능을 다룹니다. 또한, 자료를 비공개로 수합하고, 학생들에게 패들렛 사본을 쉽게 제공하며, 동료 평가를 통해 학습을 확장할 수 있는 기능도 함께 알아봅니다.

그럼, 지금부터 수업에 유용한 다양한 패들렛 기능을 익혀 볼까요?

P A D L E T

3장

수업을 효과적으로 도와주는 패들렛 기능

3-01
쉽고 빠른 수업 준비를 위한 'QR코드 생성하기'

템플릿 형식
모든 템플릿

수업 형태
QR코드 생성하기

학생들이 패들렛에 쉽고 빠르게 접속할 수 있어야 수업의 흐름이 끊기지 않습니다. 일반적으로 패들렛을 활용한 수업은 스마트폰이나 태블릿 PC를 통해 접속합니다. 이때, QR코드를 활용하면 더욱 빠르게 접속할 수 있습니다. 패들렛에는 QR코드를 손쉽게 생성할 수 있는 기능이 있습니다.

그럼, 지금부터 QR코드를 생성하는 방법을 알아보겠습니다.

01 패들렛 메인 화면에 접속 후 ❶[공유] 버튼을 클릭합니다.

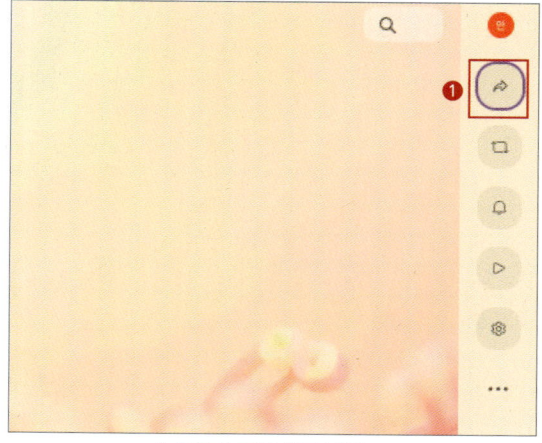

▲ 패들렛 공유 버튼 클릭

02 공유 창이 나타나면 ❶[QR코드 생성하기] 메뉴를 클릭합니다.

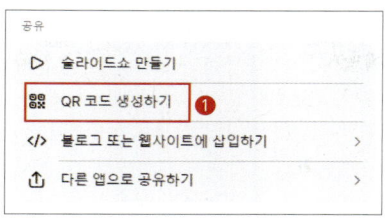

▲ QR코드 생성하기

03 생성된 QR코드를 확인합니다. QR코드 우측 하단의 ❶[Download PDF] 또는 ❷[Download Image]를 클릭하면 QR코드를 이미지 또는 PDF 파일로 다운로드 받을 수 있습니다.

▲ 생성된 QR코드

교실에서 이렇게 활용했어요!

위와 같은 방법으로 QR코드를 생성해서 다운로드 받은 후 수업 전에 다음과 같이 QR코드 이미지 파일을 인쇄하여 칠판에 붙여놓거나, 컴퓨터 바탕화면에 QR코드를 띄워 학생들이 패들렛으로 빠르게 접속할 수 있습니다.

▲ TV화면에 QR코드를 띄워놓은 모습

▲ 칠판에 QR코드를 붙여놓은 모습

수업 실전 활용 09 학급 패들렛 게시판 QR코드로 만들기

학급 경영 시 필요한 공지사항을 패들렛 게시판에 적어두거나, 수업에 활용할 링크를 패들렛에 업로드해 두면 학생들이 패들렛을 통해 쉽게 접속할 수 있습니다.

학급 경영에 필요한 자료를 담은 패들렛 게시판을 개설한 후, 이를 공유하기 위한 QR코드를 만들어 교실 벽이나 학생들의 공책에 붙여보세요. 학생들은 필요할 때마다 QR코드를 스캔하여 즉시 패들렛 게시판에 접속할 수 있습니다.

QR코드 하나로 수업 준비를 쉽고 편리하게 해보세요!

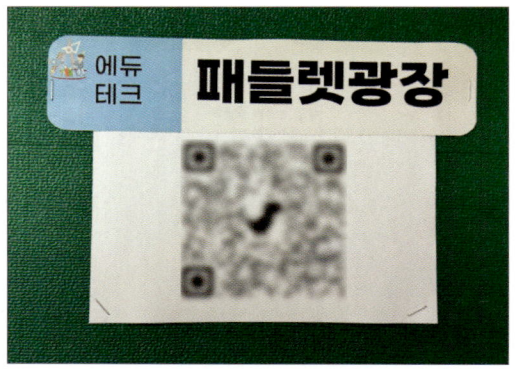
▲ 교실에 붙여 놓은 학급 패들렛 QR코드

▲ 학급 자료 공유 패들렛

3-02
슬라이드쇼 작품 감상에 집중도 높이기

템플릿 형식	수업 형태
모든 템플릿	슬라이드쇼

학생들이 QR코드를 통해 패들렛 게시판에 접속한 후, 일상생활에서 원을 찾아 촬영한 사진을 패들렛 게시판에 업로드하였습니다. 이제 패들렛에 모인 학생들의 게시물을 함께 살펴볼까요?

▲ 수업을 통해 모은 학생들의 게시물

패들렛에 많은 게시물이 업로드된 것을 확인할 수 있습니다. 하지만 업로드된 게시물을 보며 피드백을 진행하는 동안, 학생들이 교사가 설명하는 작품이 아닌 다른 작품을 보게 되는 경우가 많습니다.

게시물이 너무 많아지면 수업에 대한 집중도가 떨어질 수 있습니다. 그렇다면 교사가 설명하는 게시물과 학생들이 보는 게시물이 같다면 어떨까요? 이렇게 하면 학생들의 시선이 교사와 일치하여 수업에 더욱 집중할 수 있습니다.

이 문제를 해결하기 위해 사용할 수 있는 기능이 바로 '슬라이드쇼' 기능입니다. 이 기능을 활용하면 게시물을 하나씩 감상하면서 효과적으로 수업을 진행할 수 있습니다.

이제 '슬라이드쇼' 기능을 실행하는 방법을 알아보겠습니다.

01 ❶[공유] 버튼을 클릭합니다.

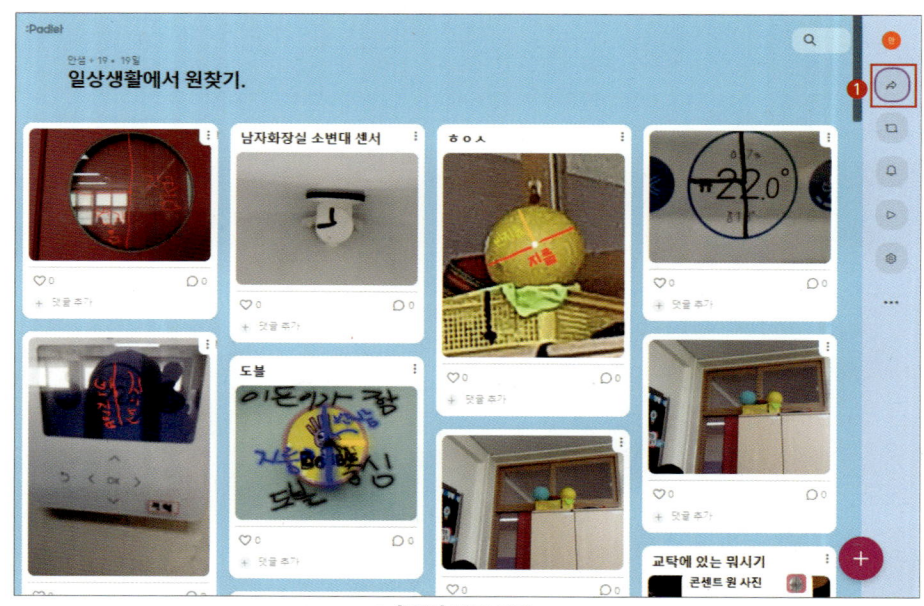

▲ [공유] 버튼 클릭

02 공유 창이 나타나면 ❶[슬라이드쇼] 메뉴를 클릭합니다.

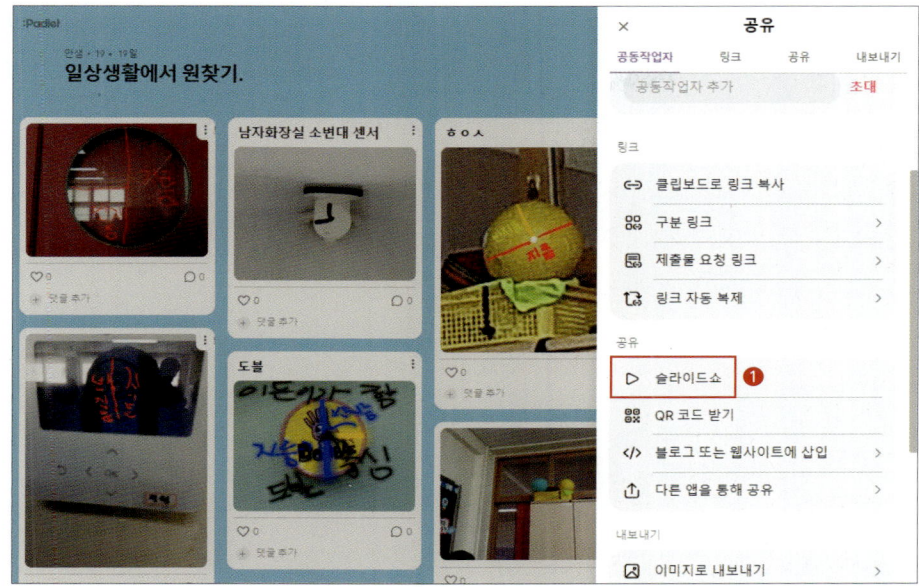

▲ 슬라이드쇼 클릭

03 하단의 ❶[슬라이드 넘기기 버튼]을 클릭하여 다음 슬라이드를 감상합니다.

▲ 실행된 슬라이드쇼

3장 수업을 효과적으로 도와주는 패들렛 기능 85

교실에서 이렇게 활용했어요!

슬라이드쇼 기능을 활용하면 학생들의 작품을 하나씩 감상할 수 있습니다. 또한, 학생들은 자신의 작품이 언제 나올지 기대하며 수업에 집중하게 됩니다.

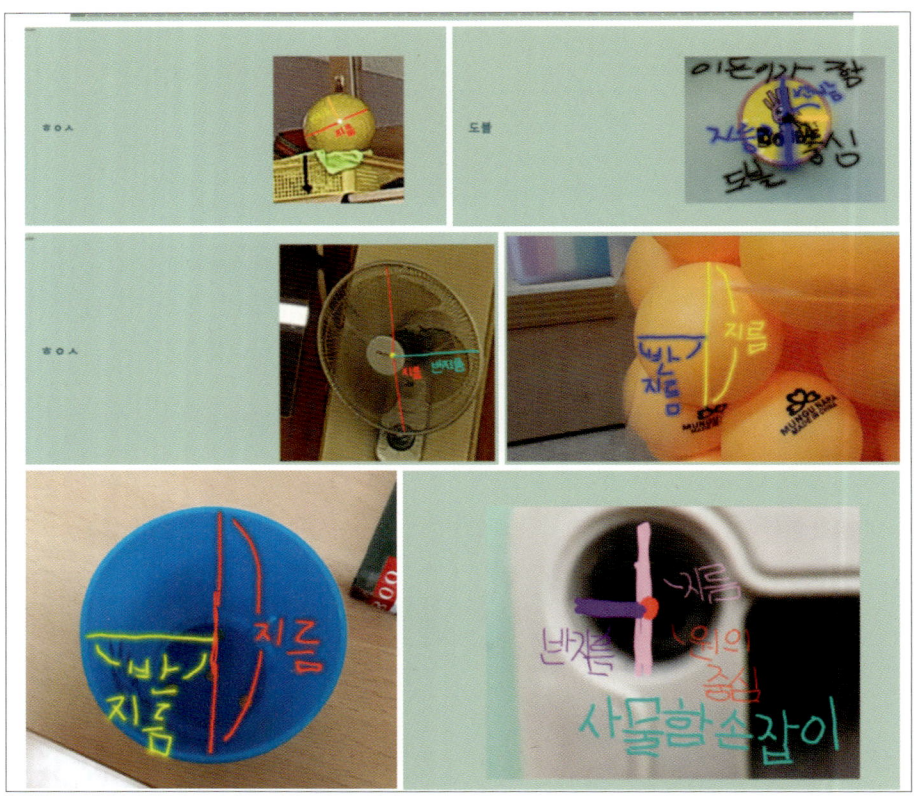

▲ 슬라이드쇼를 활용한 학생 사진 감상

슬라이드쇼 기능을 사용하면 각 게시물에 대해 심도 있는 피드백을 진행할 수 있어 수업의 질을 높일 수 있습니다.

학생들의 몰입을 유도하는 슬라이드쇼 기능, 꼭 활용해 보세요!

3-03
익명성으로부터 안전한 수업 만들기

템플릿 형식
모든 템플릿

수업 형태
내용조정 기능으로 안전한 수업 만들기

    패들렛은 로그인 없이 누구나 의견을 남길 수 있다는 장점이 있습니다. (로그인 시 게시물에 사용자 아이디가 표시되지만, 익명으로 접속할 경우 게시물의 출처를 파악할 수 없습니다.)

    일반적인 수업에서는 학생들이 로그인하지 않고 사용하기 때문에 자유롭게 의견을 개진할 수 있다는 장점이 있지만, 동시에 수업을 방해하는 게시물이 달릴 수 있다는 단점도 있습니다.

    많은 선생님들이 패들렛을 사용할 때 가장 고민하는 부분이 바로 익명성으로 인한 수업 방해입니다. 친구를 비방하는 댓글이나 수업과 무관한 게시물이 올라오면 교사가 곤란한 상황에 처할 수 있습니다.

    이러한 문제를 해결하기 위해 사용할 수 있는 기능이 바로 '내용조정 기능'입니다.

    '내용조정 기능'은 학생들이 올린 게시물을 교사가 사전에 필터링할 수 있는 기능으로, 패들렛을 사용하기 전에 반드시 익혀야 할 중요한 기능입니다.

    그럼, 이제 '내용조정 기능'을 사용하는 방법을 알아보겠습니다.

01 ❶[설정] 버튼을 클릭합니다.

▲ 설정 버튼 클릭

02 하단으로 스크롤하여 콘텐츠 영역의 [내용조정] 기능을 찾은 후 ❶드롭 버튼을 클릭합니다.

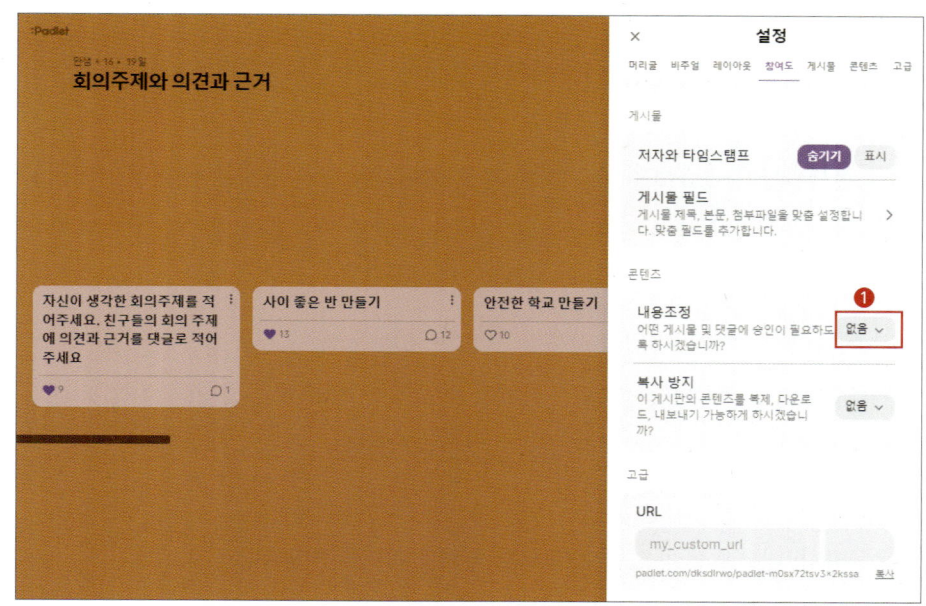

▲ 내용조정 기능

88　교사를 위한 패들렛

03 내용조정의 ❶드롭 버튼(▼)을 클릭한 후 기능을 ❷[수동] 라디오 버튼을 선택하여 바꿔줍니다. '자동'은 AI가 판단하여 부적절한 게시물을 필터링하는 기능입니다. 교실에서 활용 시 교사가 직접 점검할 수 있는 '수동' 기능이 효과적입니다.

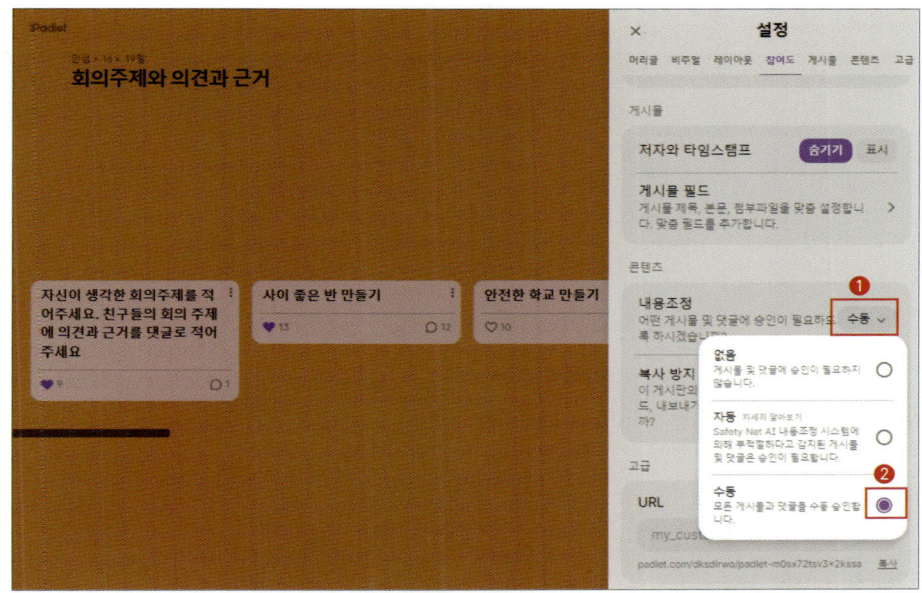

▲ 수동으로 설정하기

교사의 TIP 내용 조정 기능을 '수동'으로 바꾸면, 그 이후부터 학생들이 올린 게시물은 교사의 승인 없이는 다른 학생들에게 보이지 않게 됩니다.

04 교사의 화면에서는 학생들의 게시물마다 '승인', '거절'이라는 문구가 뜨고 교사가 ❶[승인]을 클릭하면 게시물이 모두에게 공개되게 됩니다. 만약 ❷[거절]을 누른다면 게시물이 삭제됩니다.

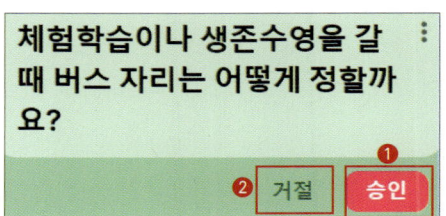

▲ 내용 '승인' 또는 '거절' 선택

3장 수업을 효과적으로 도와주는 패들렛 기능

| 수업 실전 활용 10 | 동아리 로고 만들기 대회 결과물 비공개 수합하기 |

다음은 내용조정 기능을 활용하여 창의놀 동아리의 로고 만들기 대회 결과물을 수합한 사례입니다. 학생들의 작품 제작 결과물은 다른 학생들이 볼 수 없도록 내용조정 기능을 활용해 비공개로 수합하였습니다.

▲ 비공개로 수합한 로고만들기 결과물

> **안쌤의 꿀팁**
>
> 학생들의 게시물이 3개 이상이면 모두 승인 기능이 활성화 됩니다. 모두 승인을 클릭하면 전체 게시물이 승인 됩니다. 하나씩 승인할 필요 없이 전체가 동시에 승인되니 훨씬 편리하겠죠?

▲ 모두 승인 기능

수업 실전 활용 11 창의적인 사진 찍기 대회

다음은 창의적인 사진 찍기 대회에서 학생들의 결과물을 수합한 수업 사례입니다.

학생들이 찍은 사진은 미리 공개되면 수업의 흥미가 떨어질 수 있습니다. 이를 방지하기 위해, 내용 조정 기능을 활용하여 다른 학생들이 업로드된 사진을 미리 볼 수 없도록 설정하였습니다.

모든 학생이 사진을 업로드한 이후, 교사가 [승인]을 클릭하면 학급 친구들과 함께 결과물을 감상할 수 있도록 하였습니다.

▲ 창의적 사진 찍기 대회

안쌤의 수업 활용 방법 ▶ 내용 승인 기능, 이렇게도 활용할 수 있어요!

❶ 전교 학생을 대상으로 한 공모전에서 내용조정 기능을 사용한 후 자료를 수합 합니다.
❷ 학생들의 의견을 남기는 수업에서 다른 친구들의 의견을 미리 보지 못하게 합니다.
❸ 우리 반 고민 상담, 자신의 고민 쓰기 등 학생들의 진솔한 생각을 적어보는 활동에 활용합니다.

3-04
게시판에서 원하는 섹션만 공유하기

템플릿 형식	수업 형태
담벼락	소회의실 기능으로 특정 섹션 공유하기

　패들렛은 주제별로 자료를 정리할 수 있는 '섹션' 기능을 제공합니다. 섹션 기능을 활용할 때 함께 알아두어야 할 필수 기능이 있습니다. 바로 '소회의실 기능' 기능입니다.

　소회의실 기능를 사용하면 원하는 섹션만 선택하여 타인과 공유할 수 있습니다. 수업에서 소회의실 기능을 활용해 각 모둠별로 섹션을 제공한다면, 다른 모둠원이 해당 섹션에 접속하지 못하도록 제한할 수 있습니다. 따라서 모둠 활동이 방해받지 않고, 학생들이 자신의 작품에 더욱 집중할 수 있습니다.

　이제 소회의실 기능을 사용하는 방법을 알아보겠습니다. 소회의실 기능을 활용하려면 먼저 패들렛에 섹션을 생성해야 합니다.

　먼저, 섹션을 생성하는 방법을 알아볼까요?

모둠별 섹션 만들기

01 패들렛 메인 화면 상단에서 ❶[만들기]를 클릭한 후 Padlet 만들기 페이지에서 ❷[새 게시판]을 클릭합니다.

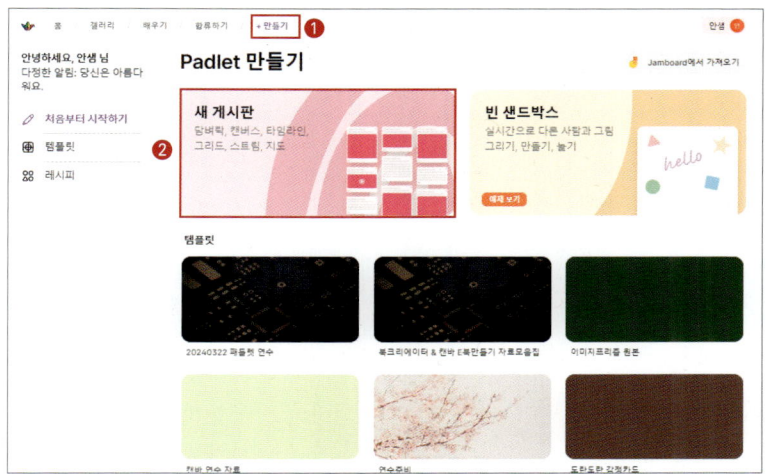

▲ 새 게시판 클릭

02 ❶[컬럼] 형식을 선택하고 ❷[완료]를 클릭합니다

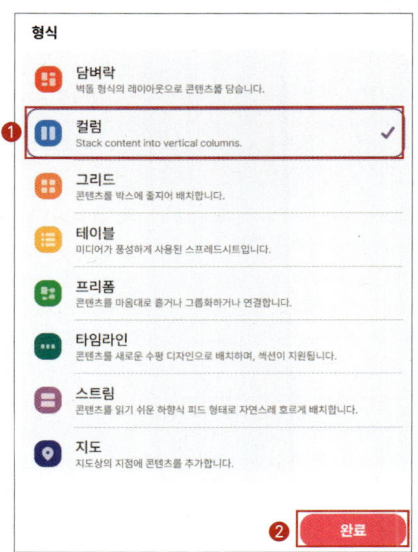

▲ 섹션 선택

3장 수업을 효과적으로 도와주는 패들렛 기능   93

03 게시판에 Ⓐ[섹션1]이 나타난 것을 확인할 수 있습니다. [섹션 추가]를 눌러 필요한 섹션 개수만큼 만들고 완료합니다. 여기서는 ❶[섹션 추가]를 두 번 눌러 총 3개 섹션을 만들었습니다.

▲ 섹션 추가

04 [섹션]을 클릭하면 섹션 이름을 바꿀 수 있습니다. 섹션 이름을 주제에 맞게 바꿔주세요. 여기서는 ❶1모둠, ❷2모둠, ❸3모둠으로 이름을 지정하였습니다.

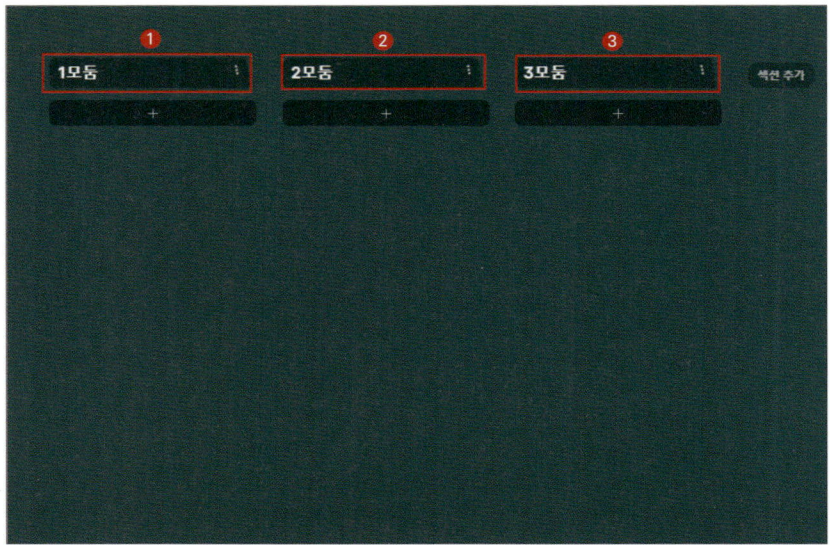

▲ 섹션 이름 변경

모둠별 소회의실 링크 만들고 공유하기

섹션이 생성되었다면 소회의실 기능을 활용할 준비는 끝났습니다. 그렇다면 지금부터 모둠별 수업을 위해 각 모둠 별 소회의실 링크를 만들고 공유해볼까요?

01 패들렛의 우측 상단 ❶[공유 패널 열기] 버튼을 클릭합니다.

▲ [공유] 버튼 클릭

02 공유 창이 나타나면 ❶[소회의실]를 클릭합니다.

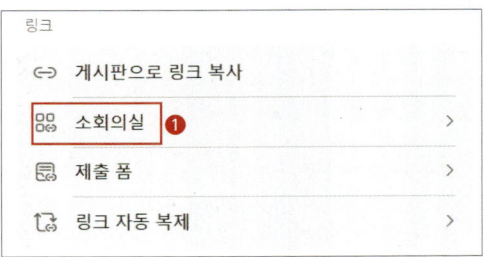

▲ 소회의실 클릭

03 공유하고 싶은 섹션 링크 우측의 ❶[복사]를 누르면 링크가 복사되었습니다. ❷클립보드에 복사된 링크 공유 후 접속하면 공유된 섹션으로 접속이 됩니다.

▲ 원하는 섹션 링크 복사

교실에서 이렇게 활용했어요!

원래 게시판의 모습과 공유받은 구분 링크에 접속한 모습을 비교해보겠습니다.

하단의 왼쪽 사진은 공유하기 전 기존 패들렛의 모습입니다. 1부터 5모둠까지의 전체 자료가 모여있는 것을 볼 수 있습니다. 오른쪽 사진은 1모둠의 구분 링크로 접속한 패들렛의 모습입니다. 1모둠 학생들의 구분 링크로 접속하였기 때문에 1모둠의 게시물만 보이는 것을 확인할 수 있습니다. 1모둠 구분 링크로 접속한 학생들은 다른 모둠의 섹션의 작품을 감상하거나 편집할 수 없는 상태입니다. 각 모둠에서 작업을 진행하더라도 교사는 기존 패들렛에서 전체 학생의 작품을 한눈에 확인할 수 있습니다.

▲ 공유하기 전 원래 패들렛의 모습

▲ 소회의실로 접속한 패들렛

안쌤의 수업 활용 방법 ▶ 패들렛 소회의실, 이렇게 활용해요.

❶ 학생들의 번호대로 섹션을 생성한 뒤 개인 포트폴리오 저장공간으로 활용해요.
❷ 모둠 수업에서 의견을 수합한 후 교사의 화면에서 한눈에 확인하며 의견을 나눠요.
❸ 타인에게 패들렛 게시판의 자료를 공유할 때 전체 패들렛이 아닌 필요한 부분(섹션)만 공유할 수 있어요.

> 안쌤의 미니 특강

소회의실로 만들어진 링크를 빠르게 QR코드로 제작하는 방법

Q 소회의실 기능으로 만들어진 링크! 학생들에게 쉽고 빠르게 공유하는 방법 없을까요?

패들렛을 활용한 수업은 주로 스마트폰이나 태블릿 PC를 통해 이루어집니다. 그러나 소회의실 기능은 링크 형식으로 제공되기 때문에 스마트 기기에 링크를 공유하는 것이 쉽지 않을 수 있습니다. 특히, 초등학생의 경우 링크 주소로 공유하면 패들렛 게시판 접속에 어려움을 겪는 경우가 많습니다.

이 문제는 크롬(Chrome)이나 엣지(Edge) 브라우저에서 제공하는 QR코드 생성 기능을 활용하면 쉽게 해결할 수 있습니다.

01 크롬(Chrome)이나 엣지(Edge) 브라우저에 접속 후 ❶브라우저 화면에 마우스 오른쪽 버튼을 클릭합니다. 마우스 오른쪽 버튼을 클릭하면 보이는 메뉴에서 ❷[이 페이지의 QR코드 생성]을 클릭합니다.

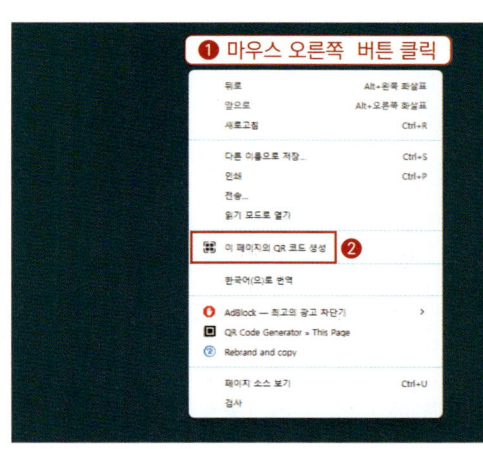

▲ 크롬(Chrome) 브라우저에서 보이는 화면

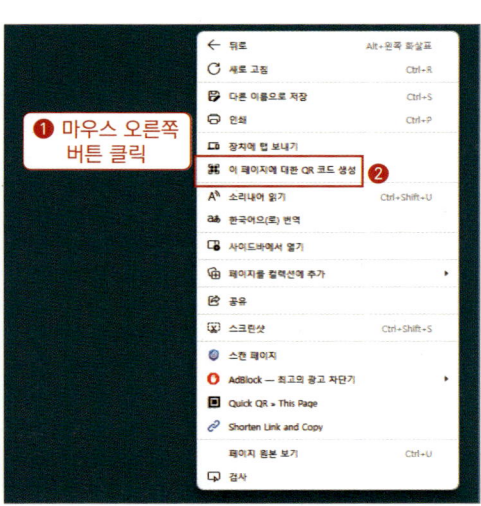

▲ 엣지(Edge) 브라우저에서 보이는 화면

02 ❶QR코드 주소창에 복사해 둔 소회의실 링크를 **붙여넣기**(Ctrl + V)하면, 섹션 링크의 정보를 담은 QR코드가 생성됩니다. 생성된 QR코드는 ❷[다운로드] 버튼을 클릭하여 이미지 파일로 저장할 수 있으며, 이를 인쇄하거나 확대하여 사용할 수 있습니다.

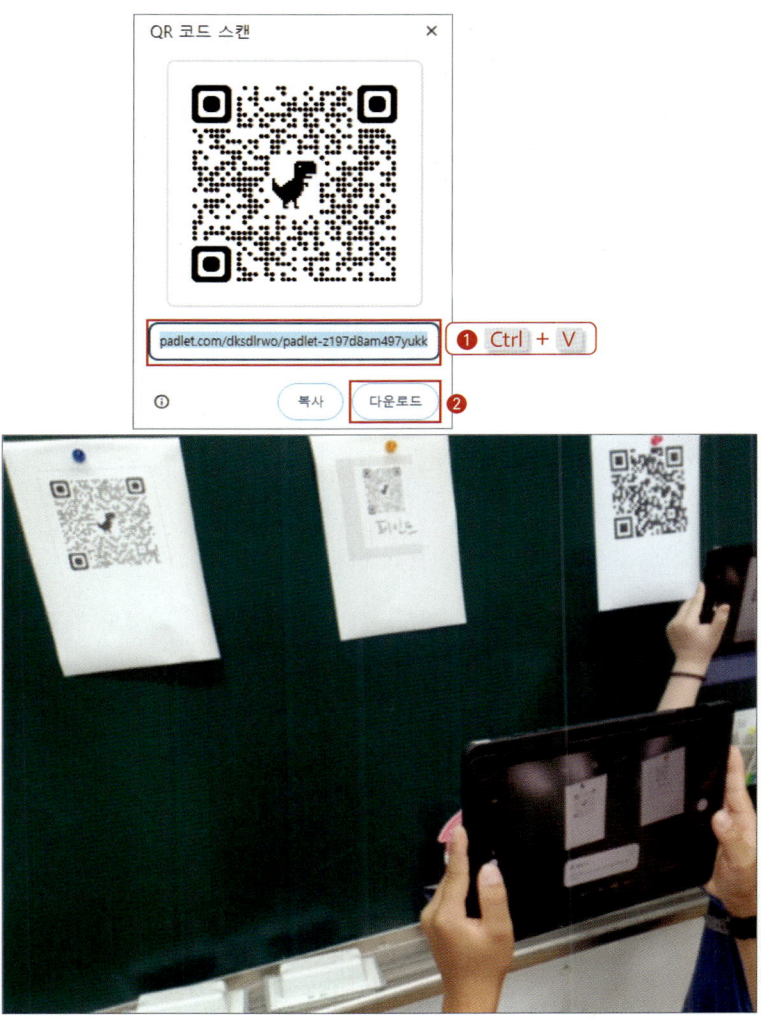

QR코드 생성으로 쉽고 편리하게 학생들을 초대해 보세요.

3-05
자료를 간편하게 수합하기

템플릿 형식
담벼락, 타임라인, 그리드

수업 형태
'제출 폼' 기능으로 불특정 다수의 자료 수합하기

    학생들의 수행평가 작품을 수합해야 하는 상황, 학부모들에게 자료를 받아야 하는 상황, 또는 학교에서 진행하는 공모전에서 학생들의 작품을 수합해야 하는 상황 등, 학교 현장에서는 불특정 다수에게 자료를 받아야 하는 일이 자주 발생합니다. 이럴 때 '제출 폼'을 활용해 보세요!

    '제출 폼'을 사용하면 제출물을 간편하게 업로드할 수 있는 패들렛 주소가 생성됩니다. 이 링크를 활용하면 사용자가 패들렛 게시판에 직접 접속하지 않아도 바로 게시물을 업로드할 수 있습니다.

    또한, 게시물 업로드만 가능하고 다른 사람이 올린 게시물을 확인할 수 없도록 설정할 수 있어 보안 유지에도 효과적입니다.

    그럼, 지금부터 '제출 폼'을 사용하는 방법을 알아보겠습니다.

01 패들렛의 우측 상단 ❶[공유 패널 열기] 버튼을 클릭합니다.

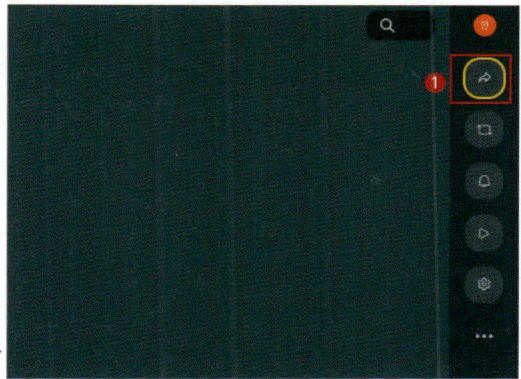

▲ [공유] 버튼 클릭

02 ❶[제출 폼]을 클릭합니다.

▲ [제출 폼] 클릭

03 ❶"제출물 양식을 활성화할까요?"의 활성화 버튼을 우측으로 드래그하여 제출물 양식을 활성화합니다.

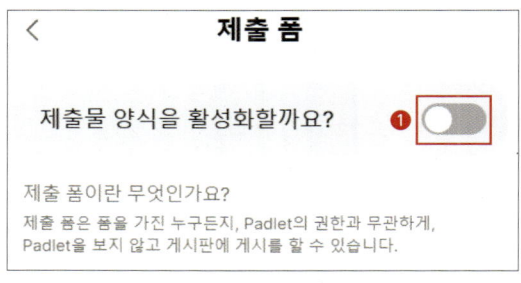

▲ 제출물 양식 활성화

04 링크를 활성화하면 '설정'이 열리게 됩니다. ❶[제출 이후]를 '확인 페이지'로 설정하고, ❷제출물 요청 링크의 [링크 복사]를 클릭하면 제출물 요청 링크가 복사됩니다.

> **교사의 TIP** [방문자가 로그인해야 함]을 해제하여야 로그인 없이 바로 자료 제출이 가능합니다.

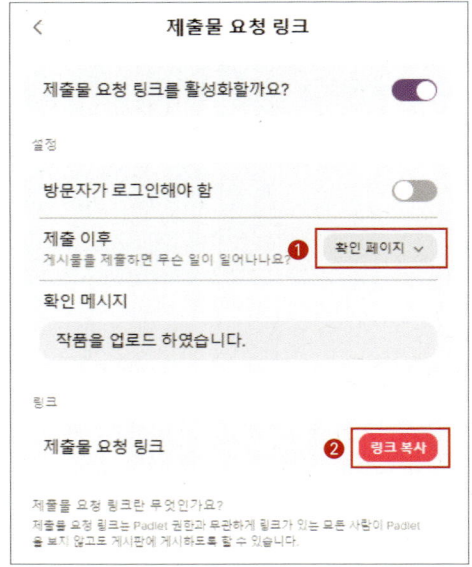

▲ 링크 복사

05 "링크가 클립보드로 복사됨" 메시지 창이 잠시 나타나며 링크가 복사됩니다. 클립보드에 복사된 링크를 공유하고 싶은 대상에게 전송합니다.

▲ 링크 복사 완료 메시지

06 공유 받은 '제출폼 링크'로 접속해 보겠습니다.

　공유 받은 링크에 접속하면 패들렛 게시판으로 바로 연결되는 것이 아니라, 게시물 작성 창이 나타나는 것을 확인할 수 있습니다.

　게시물을 업로드하면 확인 메시지가 표시되며, 패들렛 게시판에 접속하지 않고도 게시물만 업로드할 수 있다는 점을 알 수 있습니다.

또한, 게시물만 업로드 가능하고 게시판 접근이 제한되기 때문에 비공개로 자료를 수합해야 하는 상황에서 매우 효과적으로 활용할 수 있습니다. 하지만 교사의 화면에서는 업로드된 게시물을 한 눈에 확인할 수 있습니다.

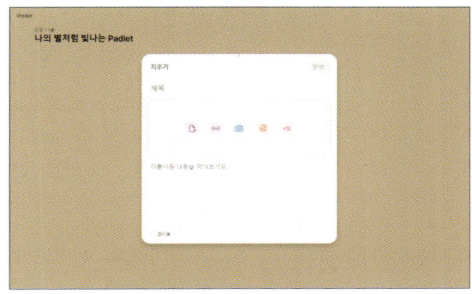
▲ 공유 받은 링크로 접속하면 생성되는 게시물 작성판

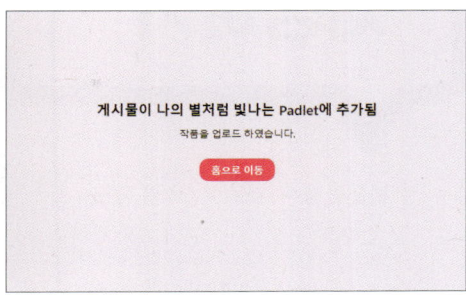
▲ 게시물 업로드 후 나타나는 확인 메세지

수업 실전 활용 12 꿈자랑 발표회 영상 수합

가정에서 촬영한 학생들의 꿈자랑 발표회 영상을 수합하기 위해 '제출 폼'을 활용했습니다. 가정으로 생성된 제출 폼 링크를 전송하여 자녀의 발표 영상을 업로드하도록 하였습니다. 제출물 업로드만 가능하고 수업 전까지 다른 학생들의 영상을 미리 볼 수 없고, 쉽고 간단하게 영상을 수합할 수 있어 효과적으로 수업을 준비할 수 있었습니다.

▲ 비공개로 수합된 영상

3-06 학생들에게 패들렛 복사본 제공하기

템플릿 형식	수업 형태
담벼락	링크 자동 복제 기능

내가 만든 패들렛의 복사본을 학생이나 타인에게 전달하려면 어떻게 해야 할까요?

패들렛에는 '링크 자동 복제' 기능이 있습니다. 이 기능을 사용하면 내가 만든 패들렛의 링크를 클릭하는 것만으로 현재 게시판의 복제본을 생성할 수 있습니다.

이를 통해 내가 만든 패들렛을 다른 사람들에게 간편하게 사본으로 제공할 수 있습니다.

단, 이 링크를 통해 패들렛을 복제하려면 링크를 받은 사람이 패들렛에 로그인한 상태여야 한다는 점을 꼭 기억하세요.

그럼, 지금부터 '링크 자동 복제' 기능을 알아보겠습니다.

01 패들렛의 우측 상단 ❶[공유 패널 열기] 버튼을 클릭합니다.

▲ [공유] 버튼 클릭

02 ❶[링크 자동 복제]를 클릭합니다.

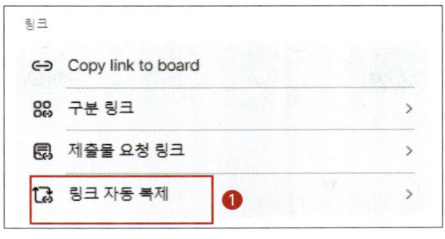

▲ 링크 자동 복제

03 ❶"링크 자동 복제를 활성화할까요?"의 활성화 버튼을 우측으로 드래그하여 링크 자동 복제를 활성화 후 ❷[복사]를 클릭하면 게시판 자동 복제 링크가 복사됩니다.

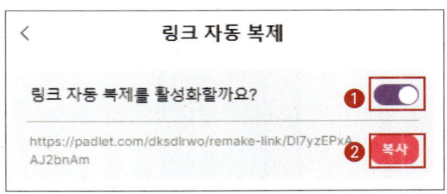

▲ 링크 자동 복제

04 복사된 링크를 학생 또는 타인에게 공유합니다. 공유받은 링크에 접속하면 현재 게시판의 복제본을 바로 생성할 수 있게 됩니다.

안쌤의 수업 활용 방법 ▶ '링크 자동 복제' 기능 이렇게 사용해요.

❶ 학생 개인의 포트폴리오를 저장하는 패들렛 게시판을 복사해 사용해요. 교사가 기본 게시판의 틀을 만든 후 복제 링크를 학생들에게 제공하여 사용할 수 있습니다.
❷ 타인에게 내가 만든 게시판의 틀을 제공하고 싶을 때 빠르게 링크로 전송할 수 있습니다.

3-07
친구가 작성한 게시물 평가하기

템플릿 형식
담벼락

수업 형태
댓글, 반응

패들렛 게시판에 업로드된 게시물을 감상한 후, 동료 평가를 활용하면 수업을 더욱 의미 있게 만들 수 있습니다. 게시물 업로드로 끝나는 것이 아니라, 동료 평가를 통해 수업을 확장함으로써 학생들이 작품에 대해 깊이 있는 이해와 비판적인 시각을 가질 수 있도록 돕습니다.

또한, 학생들은 동료 평가 결과를 확인하며 자신의 작품에 대해 성찰하고, 이를 바탕으로 발전할 기회를 얻을 수 있습니다.

이제 '반응'과 '댓글' 기능을 활용한 동료 평가를 진행해볼까요?

패들렛에서는 게시판을 생성하면 기본적으로 '반응'과 '댓글' 기능이 활성화되어 있습니다.

게시물을 업로드하면 다른 사람들이 내 게시물에 ❶'반응'을 표시하거나 ❷'댓글'을 남길 수 있습니다.

▲ 반응과 댓글

감상 초반부터 '반응'과 '댓글' 기능이 활성화되어 있다면 감상에 집중하기보다는 '반응'과 '댓글'을 남기는데 몰입하게 됩니다.

따라서 평가 단계 직전까지는 '반응'과 '댓글' 기능을 비활성화하는 것이 좋습니다. 모든 작품 감상이 끝난 후, 이 기능을 활성화하는 것을 추천합니다.

그럼, '반응'과 '댓글' 기능을 비활성화하는 방법을 알아보겠습니다.

01 패들렛의 우측 하단 ❶[설정] 버튼을 클릭합니다.

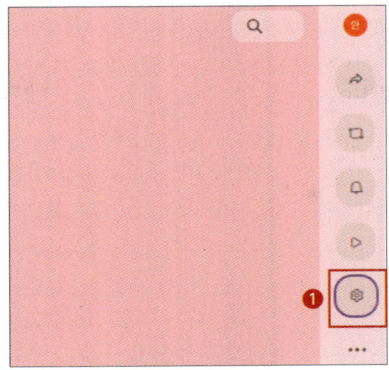

▲ [설정] 버튼 클릭

02 참여도 탭에서 ❶'댓글'과 ❷'반응' 옵션을 비활성화 또는 활성화할 수 있습니다.

▲ 댓글과 반응 활성화

반응 기능 옵션 살펴보기

반응 기능은 다양한 옵션을 가지고 있습니다. 수업 상황에 맞는 '반응'을 활용하면 평가의 효과를 극대화할 수 있습니다.

❶ 없음	반응을 비활성화 합니다.
❷ 좋아요	게시물에 하트로 좋아요를 표시를 할 수 있습니다.
❸ 투표	게시물에 공감 또는 비공감 표시를 할 수 있습니다.
❹ 별점	게시물에 1-5개의 별점을 줄 수 있습니다.
❺ 점수	게시물에 점수를 숫자로 매길 수 있습니다.

3장 수업을 효과적으로 도와주는 패들렛 기능

이 장에서는 다양한 주제의 수업을 구성할 수 있는 템플릿과 그 특징을 소개합니다. 패들렛은 '담벼락', '스트림', '타임라인', '그리드', '캔버스', '지도' 총 6가지의 템플릿을 제공합니다. 각 템플릿은 고유한 특징을 가지고 있으므로, 이를 정확히 이해하고 수업 주제에 적합한 템플릿을 선택하는 것이 중요합니다. 주제에 맞는 템플릿을 선택하고 게시판을 디자인하면 학습 목표를 훨씬 효과적으로 달성할 수 있습니다.

그럼, 지금부터 패들렛에서 제공하는 다양한 템플릿과 그에 대한 수업 사례를 함께 알아볼까요?

P A D L E T

4장

다양한 템플릿을 활용하여 수업에 날개달기

4-01 교실에서 여러 가지 삼각형을 찾아라 (담벼락 템플릿)

템플릿 형식
담벼락

수업 형태
학생들이 찍은 사진으로 개념형성하기

첫 번째로 알아볼 템플릿은 '담벼락' 템플릿입니다.

'담벼락'은 패들렛에서 가장 기본이 되는 템플릿으로, 학생들이 작성해서 업로드한 게시물을 차곡차곡 쌓아가는 형태로 구성됩니다.

▲ 담벼락 템플릿 사례

그럼, 담벼락 템플릿을 만드는 방법을 알아볼까요?

01 패들렛 홈에서 ❶[만들기]-❷[새 게시판]을 클릭합니다.

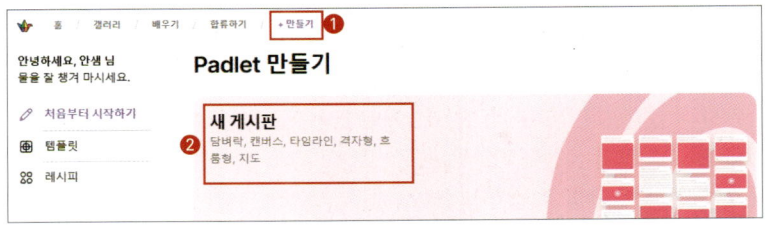

▲ 새 게시판 만들기

02 새 게시판 창에서 형식은 ❶[담벼락] 템플릿을 선택한 후 ❷[완료]를 클릭합니다.

▲ 담벼락 템플릿 선택

03 생성된 담벼락 템플릿을 확인합니다.

▲ 생성된 담벼락 템플릿

[교사의 TIP] 담벼락 템플릿은 학생들이 올린 작품을 전체적으로 파악하고 싶거나, 게시물을 빠르게 수합하고 싶을 때 사용하면 좋습니다.

수업 실전 활용 13 우리 반 교실 속 삼각형을 찾아라

담벼락 템플릿을 활용한 '우리 반 교실 속 삼각형을 찾아라' 수업 사례를 소개하겠습니다.

4학년 2학기 수학 삼각형 단원에서는 둔각삼각형, 예각삼각형, 직각삼각형을 분류하고 실생활에서 찾아보는 활동이 제시되어 있습니다.

학생들은 먼저 각 삼각형의 개념을 정리한 뒤, 교실이나 학교를 돌아다니며 해당 삼각형을 찾아 사진을 찍었습니다. 이후, 찍은 사진을 패들렛에 업로드하여 함께 감상하였습니다.

이 과정에서 학생들은 실생활 속 삼각형의 예시를 찾는 활동에 즐겁게 참여했으며, 친구들과 찾은 삼각형을 감상하고 논의하는 과정을 통해 개념을 보다 정확하게 이해할 수 있었습니다.

단원	4학년 2학기 수학 삼각형
차시	둔각삼각형, 예각삼각형, 직각삼각형을 분류해 봅시다.
담벼락 템플릿	

안쌤의 수업 활용 방법 ▶ '슬라이드쇼' 기능을 함께 사용해요

담벼락 템플릿으로 모은 자료를 감상하며 수업을 진행할 때, 교사와 학생들이 같은 작품을 보며 학습을 진행하면 학습 효과를 극대화할 수 있습니다. 이 때 패들렛의 '슬라이드쇼' 기능을 활용해 보세요. '슬라이드쇼' 기능을 사용하면 학생들의 집중도를 높이고, 작품 감상을 더욱 효과적으로 진행할 수 있습니다.

> 안쌤의 미니 특강

담벼락 템플릿 활용 수업 사례 살펴보기

너무나 간단하고 편리한 담벼락 템플릿! 이제 다양한 방식으로 활용해 보세요.

다음 사례는 **원근감의 원리를 활용하여 창의적인 사진을 촬영했던 수업**입니다.

학생들은 원근감을 활용해 자신만의 창의적인 사진을 찍고, 이를 패들렛에 업로드하였습니다.

모든 학생이 작품을 업로드한 후, 함께 감상하며 우수 작품을 선정하였습니다.

우수 작품은 패들렛의 '반응 기능(좋아요)'을 활용하여 하트 개수로 파악할 수 있습니다.

단원	4학년 2학기 미술
차시	원근감을 활용하여 창의적인 사진 찍기

▲ 담벼락 템플릿을 활용한 학생 사진 수합

4장 다양한 템플릿을 활용하여 수업에 날개달기

다음으로, 학생들이 디지털 도구를 활용해 만든 작품을 패들렛의 '담벼락' 템플릿에 모아 전시해 보았습니다.

패들렛 QR코드를 미리 준비하여 학생들이 만든 작품을 빠르고 간편하게 수합할 수 있었습니다.

단원	4학년 2학기 미술
차시	컴퓨터를 활용한 그림 그리기

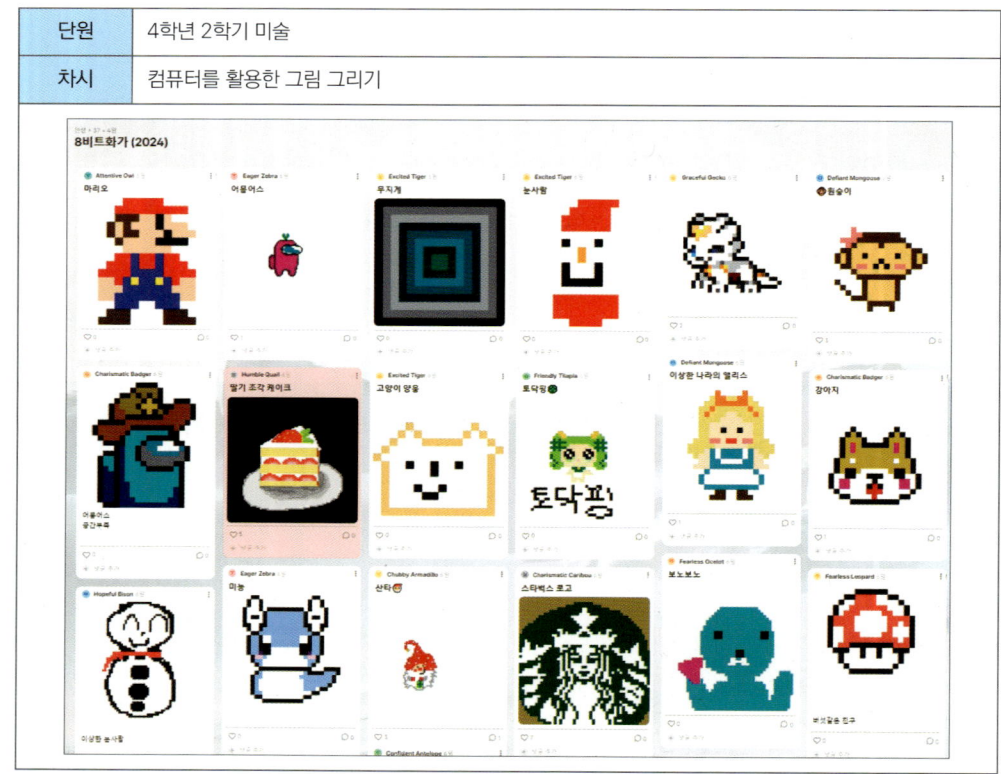

▲ 담벼락을 통한 작품 수합

4-02 다양한 게시물을 주제별로 정리하기(섹션 활용)

템플릿 형식
컬럼과 섹션

수업 형태
수업 주제에 맞는 섹션 구성하기

담벼락 템플릿은 학생들의 게시물을 한눈에 파악할 수 있다는 장점이 있지만, 게시물이 정리되지 않은 느낌을 줄 수 있습니다. 이 문제는 '섹션' 기능을 추가하여 해결할 수 있습니다.

아래 사진에서 보듯, 주제별로 깔끔하게 정리된 게시판을 확인할 수 있습니다. '담벼락' 템플릿의 '섹션' 기능을 활성화하면 섹션이 가로로 배열되며, 자료를 주제별로 깔끔하게 유목화하여 정리할 수 있습니다.

그럼, 지금부터 '섹션' 기능을 활용하는 방법을 알아보겠습니다.

▲ 섹션 활용으로 깔끔히 정리된 게시판

01 새 게시판에서 형식은 ❶[컬럼]을 선택하고, ❷[완료]를 클릭합니다.

▲ 컬럼 선택

02 '섹션' 카테고리가 생긴 것을 확인할 수 있습니다. ❶[섹션 추가]를 클릭하면 섹션이 추가됩니다. 여기서는 ❷두 번 클릭해서 2개 섹션을 추가로 만들어 보겠습니다.

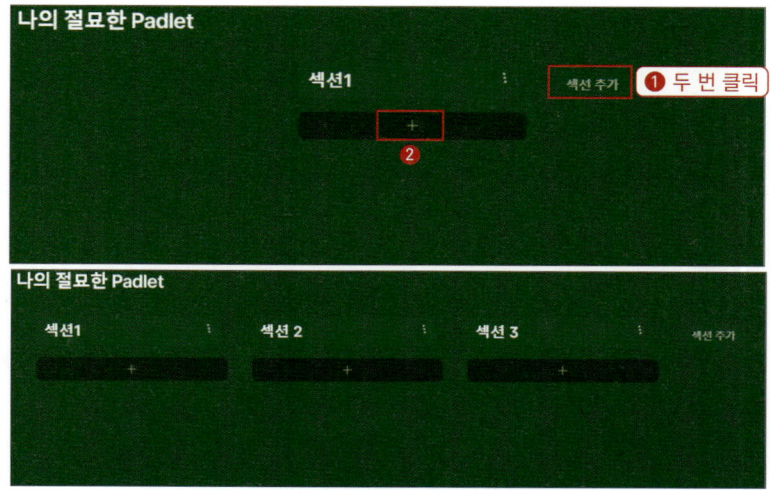

▲ 생성된 섹션

03 [섹션]을 클릭하면 섹션 이름을 변경할 수 있습니다. ❶[섹션1]을 클릭한 후 '1모둠'으로 변경하고 ❷[완료] 버튼을 클릭합니다.

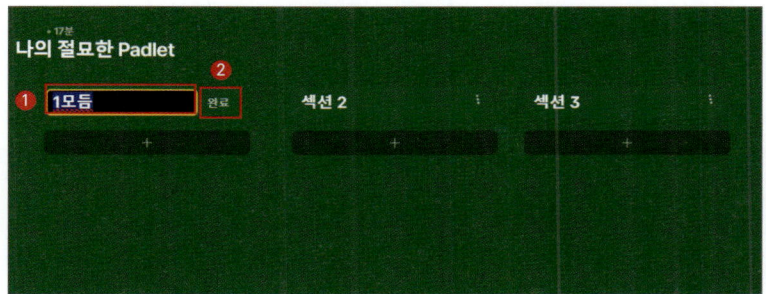

▲ 섹션 이름 변경

04 섹션명 옆의 ❶[섹션 작업] 버튼을 클릭하면 게시물 추가, 섹션 이동, 이름 변경, 복사 등을 할 수 있는 메뉴 창이 나타납니다. 각 섹션 밑으로 게시물을 업로드 할 경우 섹션 밑에 ❷[+]버튼을 클릭합니다.

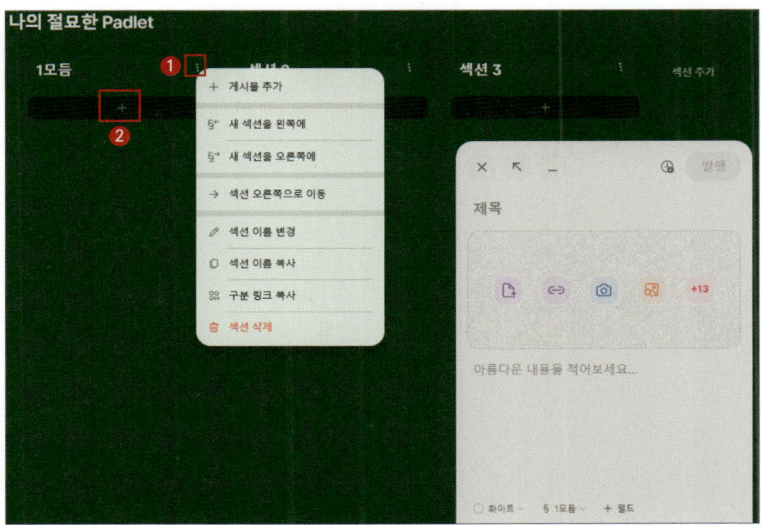

▲ 섹션 메뉴창

실제 수업 사례를 통해 어떻게 활용할 수 있는지 알아봅시다.

4장 다양한 템플릿을 활용하여 수업에 날개달기

수업 실전 활용 14 모둠별로 섹션 구성 후 자료 수합하기

모둠별로 학생들의 게시물을 수합하고 싶을 때, 섹션 기능을 활용할 수 있습니다.

섹션 이름을 모둠 번호로 설정한 후, 학생들이 자신의 모둠 섹션에 게시물을 업로드하도록 하면 됩니다. 예를 들어, 학생들은 패들렛의 '이미지 검색' 기능을 활용하여 의식주의 변화와 관련된 사진을 검색한 후, 각자의 모둠 섹션에 업로드하였습니다.

▲ 모둠별로 만든 섹션

수업 실전 활용 15 학생 이름 또는 번호로 섹션 구성 후 자료 수합하기

학생 번호 순서대로 섹션을 생성하여 개인별 포트폴리오를 만들 수 있습니다.
학생들은 자신의 이름이나 번호가 적힌 섹션에 작품을 꾸준히 기록하고 저장할 수 있습니다.

❶ 미술 작품 포트폴리오 구성

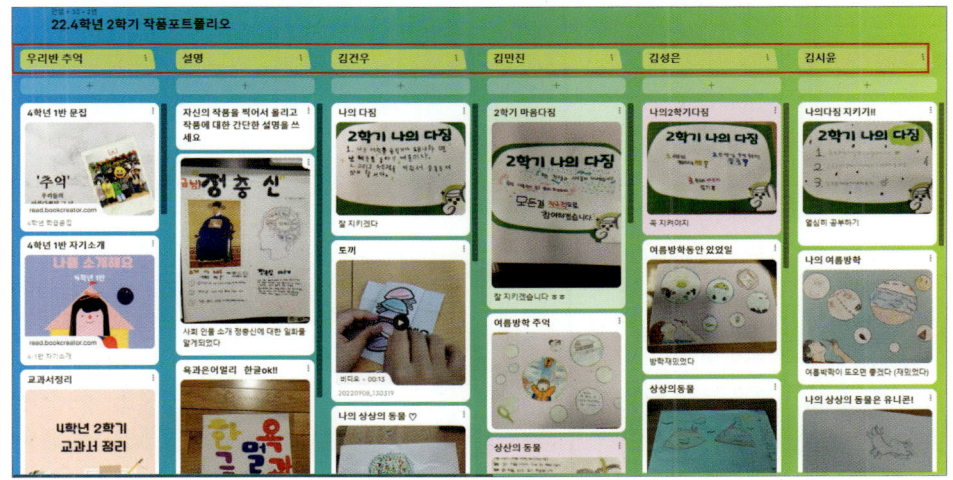

▲ 학생 이름별 작품 수합 사례

❷ 강낭콩 관찰일지 사례

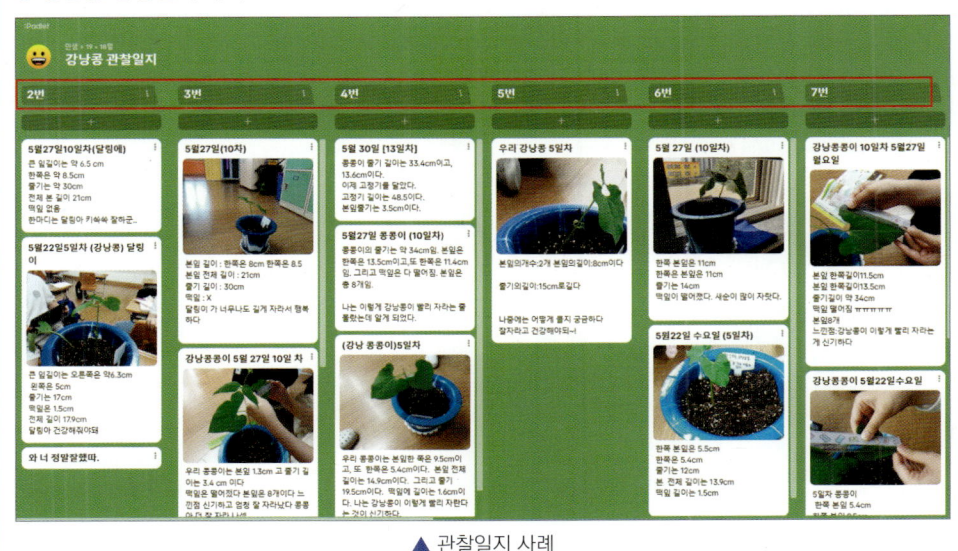

▲ 관찰일지 사례

4장 다양한 템플릿을 활용하여 수업에 날개달기

수업 실전 활용 16 주제별로 섹션 구성 후 자료 수합하기

주제별로 섹션을 구성하여 정리하면 나중에 필요한 정보를 쉽게 찾을 수 있습니다.

❶ 그림책 주제별로 작품을 정리한 사례

▲ 그림책 주제별로 섹션 구성

❷ 음악 장르별로 섹션 생성 후 정리하여 소개한 사례

▲ 장르별 섹션 생성

❸ 음악 가사 바꿔쓰기(마디별로 섹션 생성 후 가사를 바꿔 쓰고 싶은 마디에 바꿔 쓴 가사 쓰기)

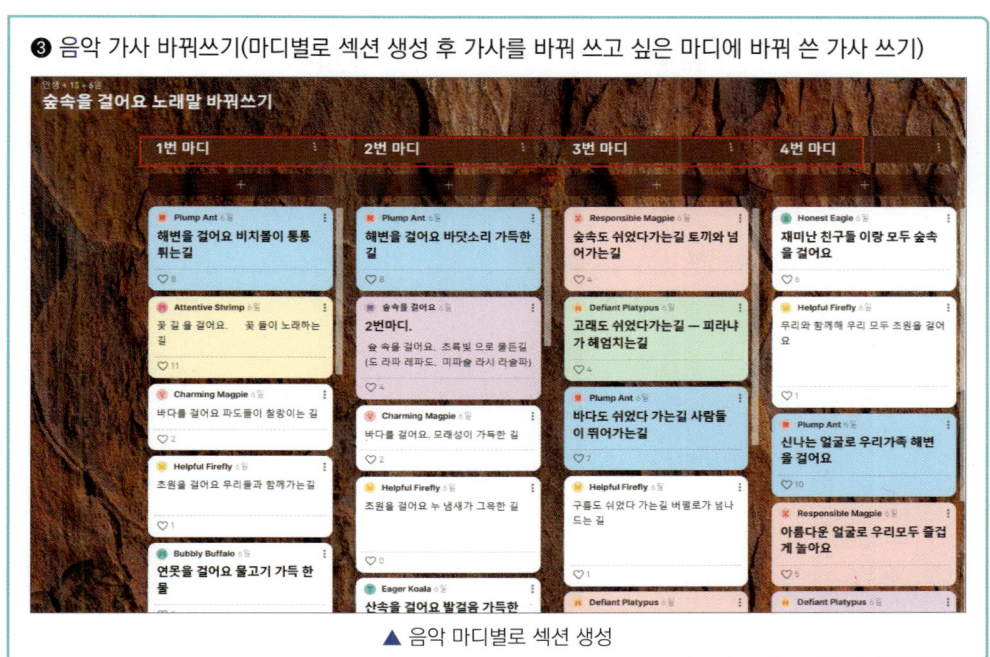

▲ 음악 마디별로 섹션 생성

4-03 인상 깊게 읽은 책을 전시해요
(타임라인 템플릿)

템플릿 형식
타임라인

수업 형태
타임라인으로 작품 전시 템플릿 만들기

담벼락 템플릿과 함께 가장 많이 활용되는 타임라인 템플릿을 알아보겠습니다.

타임라인 템플릿은 게시물을 가로 방향으로 쌓아나가는 형태로 구성된 템플릿입니다.

▲ 타임라인 템플릿

그럼, 타임라인 템플릿을 만드는 방법을 알아볼까요?

01 패들렛 홈에서 ❶[만들기]-❷[새 게시판]을 클릭합니다.

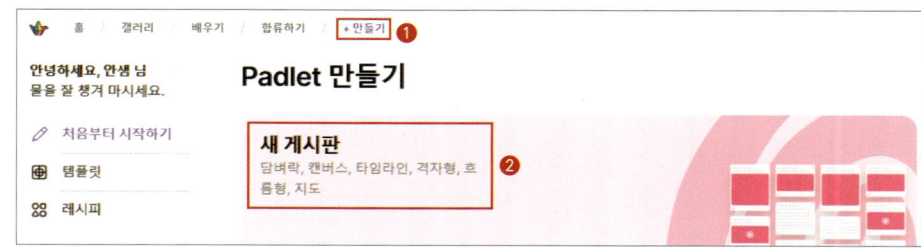

▲ 새 게시판 만들기

02 새 게시판에서 형식은 ❶[타임라인] 템플릿을 선택하고, ❷[완료]를 클릭합니다.

▲ 타임라인 템플릿 선택

03 만들어진 타임라인 템플릿을 확인합니다.

▲ 생성된 타임라인 템플릿

교사의 TIP 타임라인에서는 기본적으로 섹션기능이 활성화 되어 있습니다. 섹션 기능을 비활성화 하려면 우측메뉴에서 패들렛 설정을 클릭합니다. 섹션별로 게시물 그룹화 해제하면 섹션 없이 활용할 수 있습니다.

교실에서 이렇게 활용했어요!

타임라인 템플릿은 언제 활용하면 좋을까요?

타임라인 템플릿은 게시물을 가로 방향으로 일렬로 쌓아나가는 특징이 있어, 학생들의 작품을 전시하고 감상하는 수업에 적합합니다.

▲ 타임라인 템플릿의 게시물 생성 방향

안쌤의 꿀팁 책 표지 수업 활용 방법

온라인 서점에서 책을 검색 후 표지를 캡쳐하여 활용할 수 있습니다.

▲ 온라인 서점에서 책 표지 선택

수업 실전 활용 17 인상 깊게 읽은 책 소개하기

타임라인 템플릿을 활용한 '인상 깊게 읽은 책 소개하기' 수업 사례를 소개하겠습니다.

국어 시간에 학생들은 자신이 읽은 인상 깊은 책을 준비하고, 이를 소개하는 게시물을 작성하였습니다.

게시물 업로드가 완료된 후, 학생들은 친구들의 작품을 오른쪽으로 넘기며 순서대로 감상하였습니다.

타임라인 템플릿의 특징 덕분에 학생들은 친구들의 작품을 빠짐없이 감상할 수 있었습니다.

▲ 수업에 활용한 타임라인 템플릿

수업 실전 활용 18 학생들의 글쓰기 작품 타임라인으로 전시하기

학생들의 글쓰기 수업 후, 작품을 타임라인 템플릿에 수합하였습니다.

타임라인 템플릿은 담벼락 템플릿보다 작품이 보기 좋게 나열되기 때문에, 친구들의 작품을 감상하기에 더욱 편리합니다.

▲ 글쓰기 수업에 활용한 타임라인 템플릿

안쌤의 수업 활용 방법 ▶ 타임라인 템플릿 200% 활용하기

▲ 교사의 예시

▲ 댓글과 반응으로 생각 나누기

❶ 교사의 예시 설명을 가장 첫 번째 게시물에 올려 놓으면 학생들이 참고할 수 있습니다.
❷ '이미지 검색' 또는 '이미지 업로드'를 활용하여 사진을 추가하면 작품의 이해도가 높아집니다.
❸ 감상 후 '댓글'과 '반응' 기능을 활용하면 동료평가도 진행할 수 있습니다.

4-04 스마트하게 토론 수업 진행하기
(프리폼 템플릿)

템플릿 형식 프리폼　　**수업 형태** 프리폼 템플릿을 활용한 의견 나누기

이제 프리폼 템플릿에 대해 알아보겠습니다.

지금까지 배운 템플릿들은 업로드된 게시물이 일정한 순서에 따라 저장되는 특징이 있었습니다.

하지만 프리폼 템플릿은 게시물을 원하는 위치로 자유롭게 이동할 수 있다는 특징을 가지고 있습니다.

프리폼 템플릿을 만드는 방법과 이 템플릿의 특징을 활용하여 다양한 수업에 적용한 사례를 살펴보겠습니다.

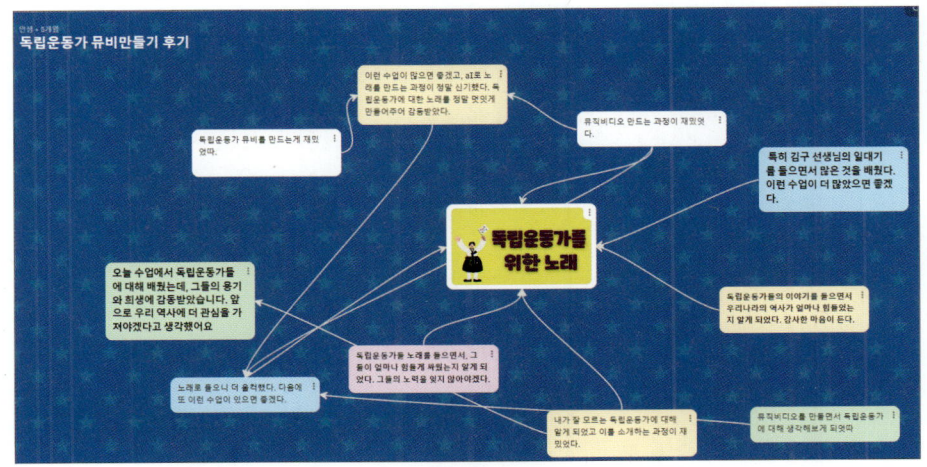

▲ 프리폼 템플릿의 모습

4장 다양한 템플릿을 활용하여 수업에 날개달기

그럼, 프리폼 템플릿 만드는 방법을 알아볼까요?

01 패들렛 홈에서 ❶[만들기]-❷[새 게시판]을 클릭합니다.

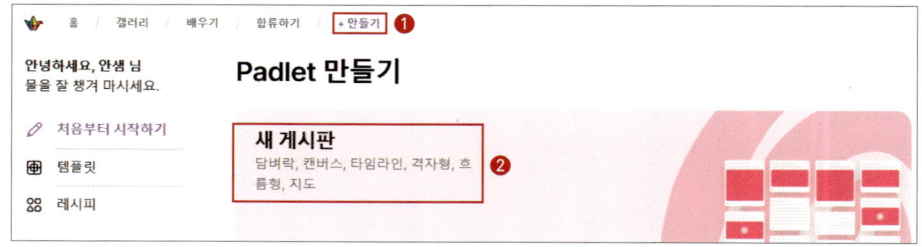

▲ 게시판 생성하기

02 ❶[프리폼] 템플릿을 선택한 후 ❷[완료]를 클릭합니다.

▲ 프리폼 템플릿 만들기

03 생성된 프리폼 템플릿을 확인합니다.

▲ 생성된 프리폼 템플릿

수업 실전 활용 19 | 패들렛 프리폼으로 스마트하게 토론 수업 진행하기

프리폼 템플릿은 어떻게 활용할 수 있을까요?

프리폼 템플릿은 게시물을 원하는 위치로 자유롭게 배치할 수 있다는 특징을 가지고 있어, 토론 수업에 효과적으로 활용할 수 있습니다.

패들렛의 배경을 찬성과 반대로 나누고, 학생들은 자신의 의견에 따라 이름이 적힌 게시물을 해당 위치로 이동합니다. 또한, 토론 과정에서 학생들의 생각이 변화할 경우, 게시물을 이동하여 의견 변화를 표현할 수 있습니다. 이렇게 하면 학생들의 생각 변화를 한눈에 파악할 수 있다는 장점이 있습니다.

수업은 다음과 같은 순서로 진행되었습니다.

01 수업을 시작하기 전 패들렛의 배경을 찬성과 반대가 표시된 사진으로 미리 변경합니다. (배경 화면설정에서 변경할 수 있습니다.)

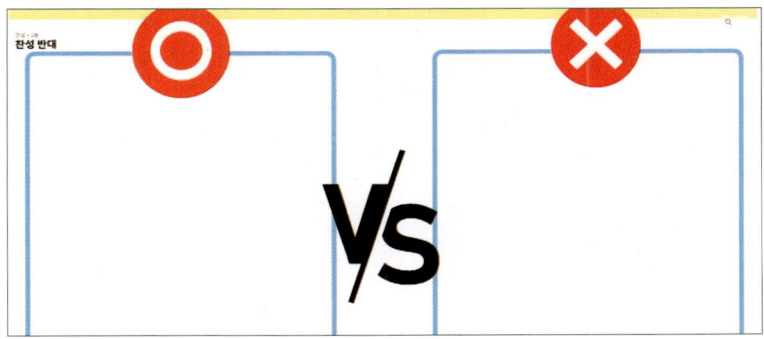

▲ 찬성과 반대를 표현하는 배경

02 학생들은 자신의 이름을 표현한 게시물을 만듭니다. 찬성이면 초록색, 반대면 빨간색으로 만들도록 하여 토론 진행 중 생각의 변화를 한 눈에 파악할 수 있도록 하였습니다.

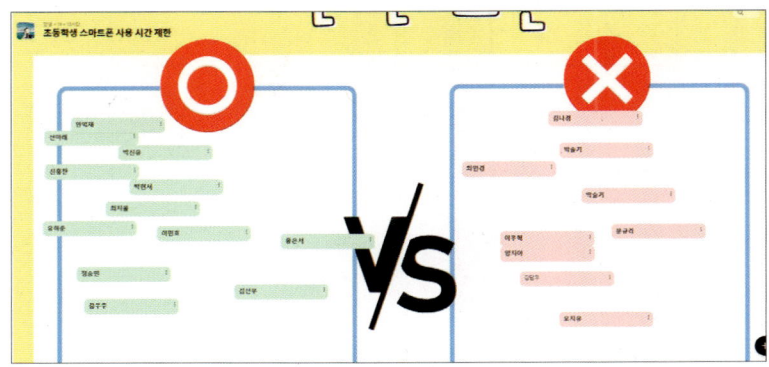

▲ 자신의 이름으로 게시물 생성

03 1차, 2차 토론 결과에 따른 생각의 변화를 표현합니다. 생각이 바뀌었다면 자신의 게시물을 반대쪽으로 이동시킵니다.

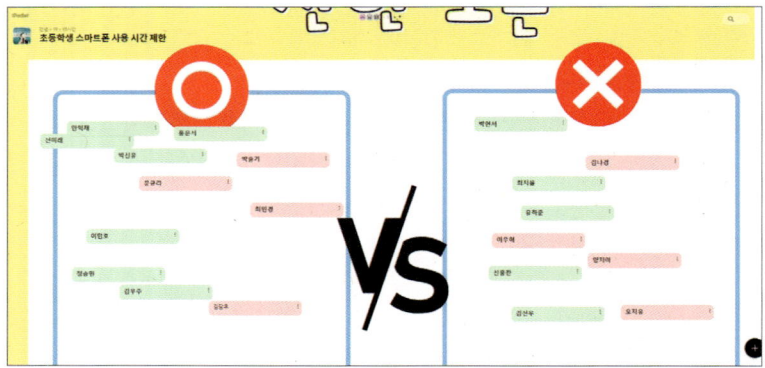

▲ 토론 중 변화된 생각을 게시물을 이동하여 표현

04 토론이 종료되고 최종 결과를 확인합니다. 또한 의견을 내지 못한 학생들을 위해 최종적으로 토론 주제에 대한 자신의 생각을 게시글로 남겨보도록 하였습니다.

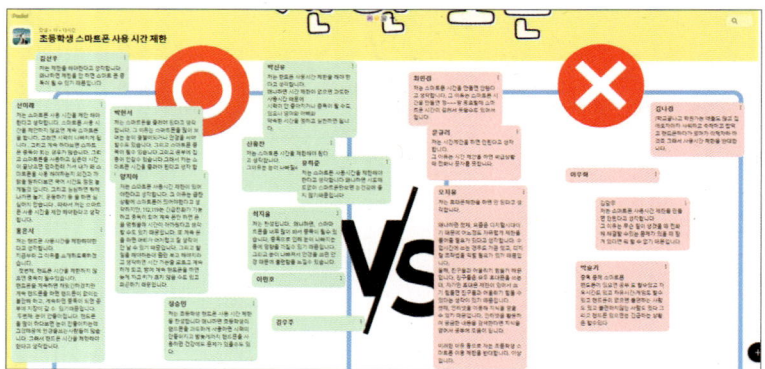

▲ 토론에 대한 자신의 생각 최종 결정

| 수업 실전 활용 20 | 프리폼을 활용하여 인물에게 질문하기 |

다음으로 인물에게 질문 만들기 수업 사례를 알아보겠습니다. 인물에게 질문 만들기 활동을 프리폼 템플릿을 활용하여 진행했습니다. 교사는 미리 인물의 사진을 업로드하여 준비합니다. 학생들은 인물에게 궁금한 점을 게시물로 남겨 곳곳에 위치시킵니다.

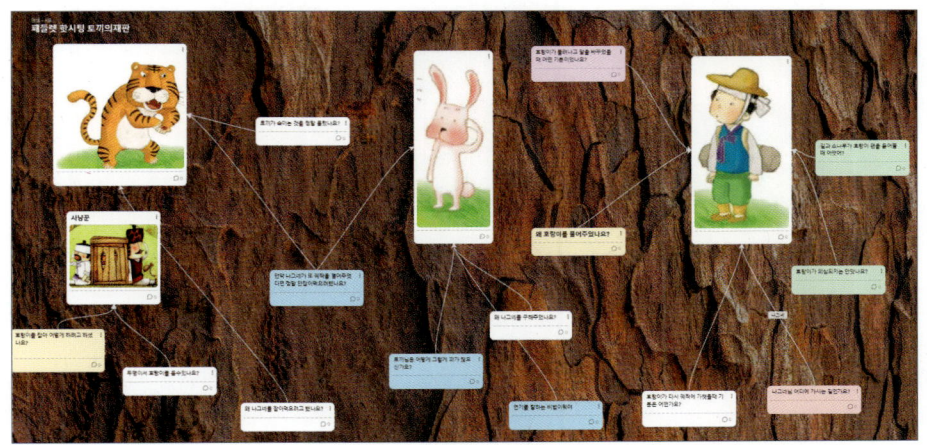

▲ 프리폼을 활용하여 인물에게 질문하기

이때, 어떤 인물에게 질문하는 것인지 표현해주면 좋겠죠? 프리폼 템플릿에서는 '게시물에 연결' 기능을 활용하여 원하는 게시물끼리 이어주는 화살표를 만들 수 있습니다.

게시물에 연결하는 화살표를 만드는 방법을 알아봅시다.

01 게시물의 ❶[⋮] 버튼 클릭 후 ❷[게시물에 연결]을 클릭합니다.

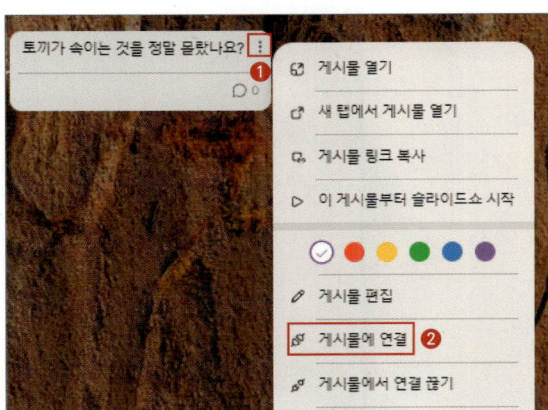

▲ 게시물에 연결

4장 다양한 템플릿을 활용하여 수업에 날개달기

02 연결하고 싶은 게시물에 ❶**[연결]**을 클릭합니다.

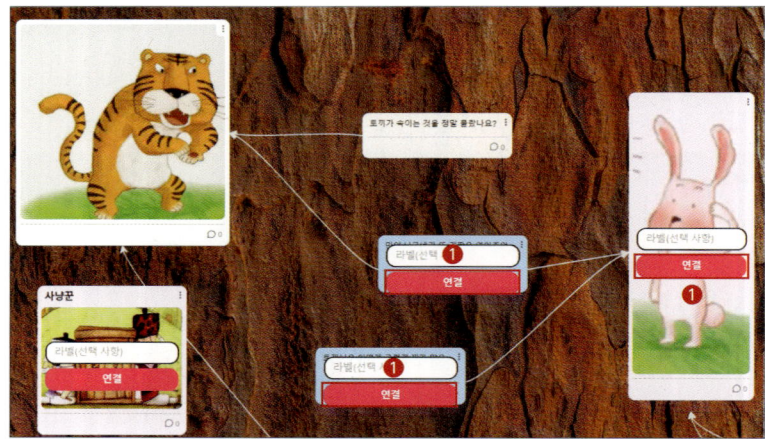
▲ 연결할 게시물 선택

03 게시물에 연결하기 전 ❶**[라벨]**에 학생들의 이름을 작성하게 하면 ❷화살표를 누가 연결했는지 확인할 수 있습니다.

▲ 화살표에 남겨진 라벨

04 게시물 연결 후 학생들은 ❶댓글을 남기며 인물에게 남겨진 질문에 답을 할 수 있습니다.

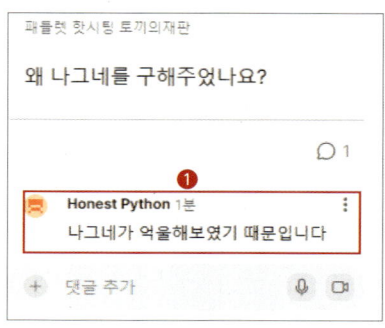
▲ 댓글 남기기 활동

수업 실전 활용 21 마니또 활동 의미 있게 진행하기

'프리폼 템플릿'과 '게시물 연결 기능'을 학급 운영에 활용할 수 있습니다. 마니또 활동을 진행한 후 마니또를 밝히는 활동에서 프리폼 기능을 활용해 보았습니다.

※ 마니또란 상대편이 모르게 도와주거나 편지를 보내는 활동으로 교실에서 진행하는 학생 교우관계 지도 방법입니다.

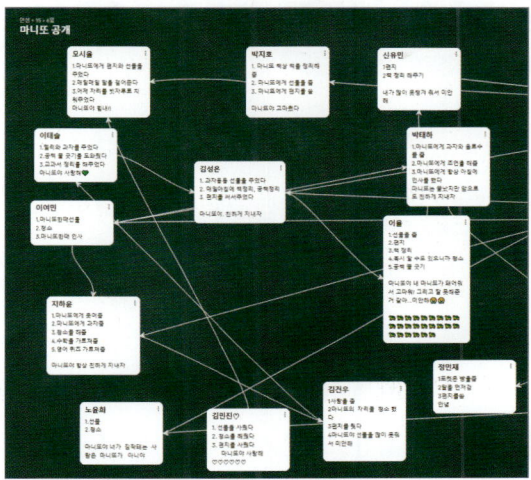

▲ 학급 마니또 공개

활동은 다음과 같은 순서로 진행했습니다.
- **1단계** 마니또 활동을 학급에서 진행합니다.
- **2단계** 마니또 활동 후 자신의 마니또에게 했던 미션들을 적은 게시물을 업로드 합니다.
- **3단계** 첫 번째 학생부터 자신의 마니또를 공개하며 어떤 도움을 주었는지 발표합니다
- **4단계** 교사는 발표를 한 친구와 공개된 마니또를 게시물 연결 기능으로 이어줍니다.
- **5단계** 연결을 받은 학생은 이어서 자신의 발표를 진행했습니다.
- **6단계** 모든 학생이 발표가 끝날 때까지 활동을 반복합니다.

모든 학생들의 발표가 끝난 후, 함께 패들렛을 보며 이야기를 나누었습니다.
학생들은 친구를 향한 자신의 도움 행동에서 시작된 화살표를 따라가다 보면, 결국 화살표가 다시 자신에게 돌아온다는 사실을 깨달았습니다.
또한, 자신들의 도움 행동이 모여 우리 반 전체의 마음이 연결된 모습을 확인할 수 있었습니다.
실제 게시물이 촘촘하게 연결된 모습을 보며, 아이들은 자신의 선한 행동이 미치는 영향력을 한눈에 파악할 수 있었습니다.
프리폼 템플릿과 게시물 연결 기능을 활용해 마니또 활동의 의미를 시각적으로 보여주니, 활동의 가치를 학생들에게 훨씬 효과적으로 전달할 수 있습니다.

4-05 우리 주변의 상품은 어디에서 왔을까?(지도 템플릿)

템플릿 형식
지도

수업 형태
특정 지역에 게시물 업로드하기

마지막으로 지도 템플릿을 알아보겠습니다. 지도 템플릿은 지도를 배경으로 한 템플릿으로 자신이 원하는 지역을 선택하여 게시물을 업로드할 수 있습니다. 지도 템플릿은 지도를 활용하기 때문에 사회 교과에서 활용도가 높습니다. 지도 템플릿만의 특징과 다양한 활동 사례를 알아보겠습니다.

지도 템플릿을 만드는 방법을 알아볼까요?

01 패들렛 홈에서 ❶[만들기]-❷[새 게시판]을 클릭합니다.

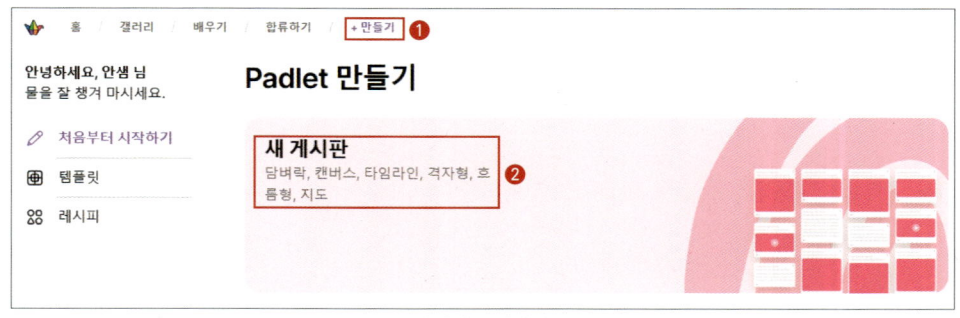

▲ 게시판 생성하기

02 ❶[지도] 템플릿을 선택한 후 ❷[완료]를 클릭합니다.

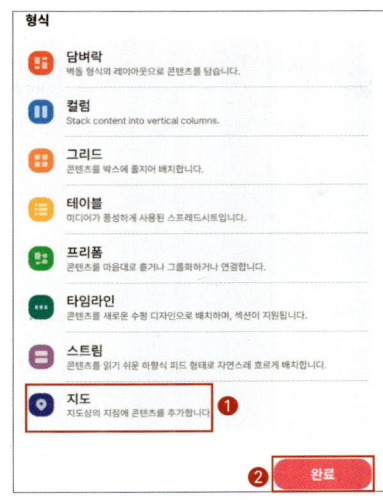

▲ 템플릿 생성하기

03 생성된 지도 템플릿을 확인합니다.

▲ 생성된 지도 템플릿

4장 다양한 템플릿을 활용하여 수업에 날개달기 **135**

지도 템플릿에 게시물을 업로드하는 방법을 알아보겠습니다.

01 ❶게시물 추가(➕) 버튼을 클릭하면 위치 선택 창이 나타납니다. 옵션 선택 창에서 ❷옵션1의 입력 상자를 클릭하여 이름으로 장소를 검색합니다. 여기서는 '이집트'라고 입력해보겠습니다. ❸검색 결과 중 '이집트'를 선택합니다.

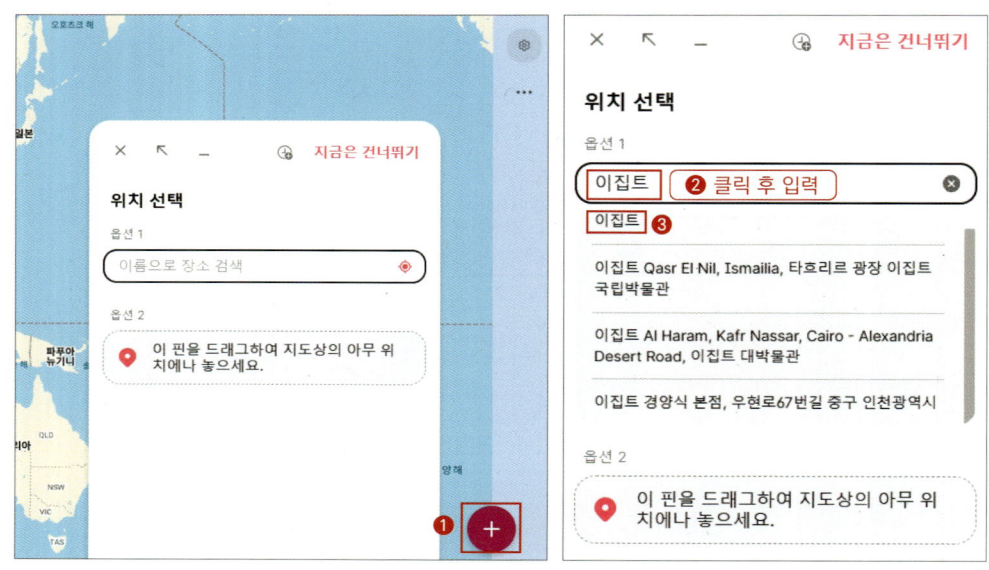

▲ 게시물을 업로드할 장소 선택

02 ❶게시물에 올릴 내용을 입력하고 ❷[발행]을 클릭합니다. Ⓐ지정한 위치에 게시물이 표시됩니다.

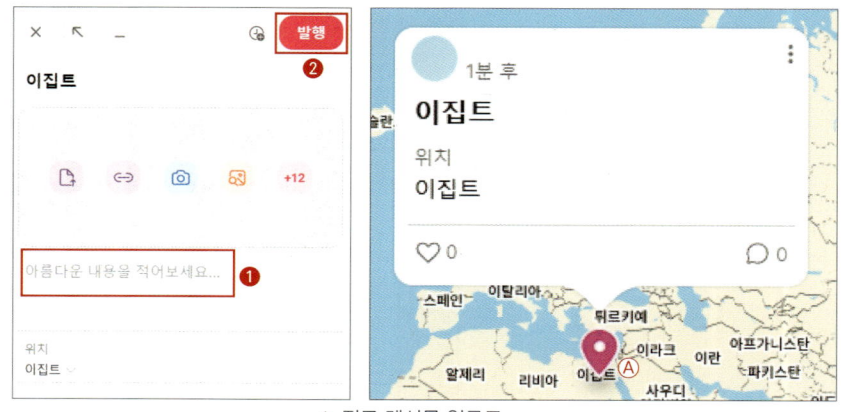

▲ 지도 게시물 업로드

수업 실전 활용 22 우리 주변의 상품은 어디에서 왔을까?

지도 템플릿 활용 사례를 살펴보겠습니다.
다음은 사회 시간에 지도 템플릿을 활용한 사례입니다.
학생들은 우리 주변의 상품이 어디에서 왔는지를 조사하여 지도에 표현하였습니다.
패들렛의 검색 기능을 활용해 정확한 위치를 지도에 표시하며, 우리나라와 교류하는 다양한 나라들을 시각적으로 나타낼 수 있었습니다. 이를 통해 다양한 지역과 우리 지역이 교류하고 있다는 사실을 한눈에 파악할 수 있었습니다.

▲ 우리나라와 교류하고 있는 나라를 지도에 표시

수업은 다음과 같은 순서로 진행하였습니다.

01 활동지를 통해 우리 주변의 상품들을 어디에서 왔는지 원산지를 미리 조사하게 하였습니다.

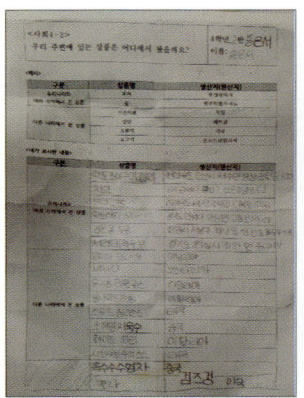 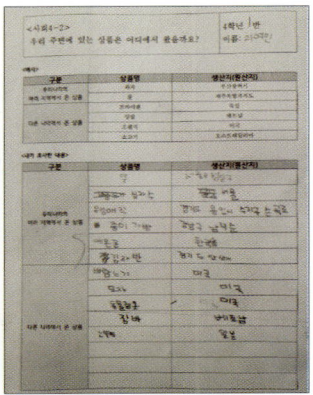

▲ 원산지 조사 활동지

4장 다양한 템플릿을 활용하여 수업에 날개달기

02 지도 템플릿에 학생들이 조사한 내용을 업로드 하였습니다.

▲ 지도 템플릿에 조사 내용 업로드

03 학생들이 업로드한 게시물을 하나씩 클릭하며 어느 지역에서 어떤 상품이 왔는지 확인합니다.

▲ 교류하고 있는 상품 확인

| 수업 실전 활용 23 | 우리 지역의 축제 조사하기 |

지도 템플릿은 우리나라로 범위를 좁혀 수업을 진행할 수도 있습니다.

01 우리나라 지역의 축제를 조사하고 업로드하기 위해 세계지도에서 축소하여 우리나라를 중심으로 수업을 진행했습니다.(마우스 휠키를 활용하여 지도의 축소, 확대를 할 수 있습니다.)

▲ 지역 축제 조사 수업

02 학생들이 업로드한 게시물을 클릭하면 축제의 대표 이미지와 축제에 관한 정보를 확인할 수 있습니다. 게시물 한 개씩 클릭하며 학생들이 조사한 수업을 함께 공유하였습니다.

▲ 우리나라 지역 축제 조사 사례

4장 다양한 템플릿을 활용하여 수업에 날개달기   **139**

수업 실전 활용 24 　 지역의 문화재 소개하기

다음은 우리나라를 알아보는 수업을 더 축소하여 우리 지역과 관련된 수업을 진행한 사례입니다. 수업에 앞서 우리 지역의 문화를 소개하는 템플릿을 구성하였습니다.

01 우리 나라의 특정 지역은 세계 지도보다 좁은 지역을 표시해야 하므로, 게시물에 정확한 주소와 위치를 입력하는 것이 중요합니다.

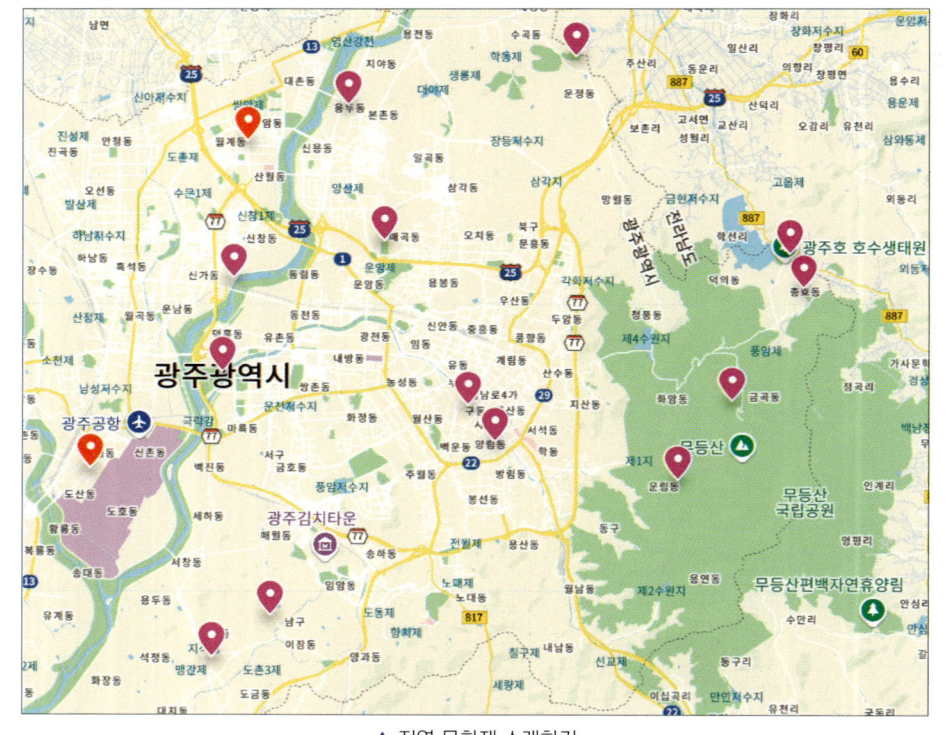

▲ 지역 문화재 소개하기

02 게시물을 클릭하면 지역 문화재 대표 이미지와 문화재에 관한 정보를 확인할 수 있습니다.

▲ 지역 문화재 조사 사례

안쌤의 수업 활용 방법 ▶ 지도 템플릿, 이것만은 알고 쓰자!

❶ 마우스 휠을 사용하여 지도를 확대 축소할 수 있습니다.

❷ 게시물 업로드할 때 이미지를 함께 첨부하면 자료의 이해도를 높여줍니다.

❸ 구체적인 지명을 정확하게 입력할수록 정확한 위치에 핀이 표시됩니다.

이 장에서는 학생 참여형 수업을 만들어주는 패들렛의 '샌드박스'에 대해 알아봅니다. 샌드박스의 특징과 기본 기능을 학습하며, 이를 통해 학생 참여형 수업을 어떻게 설계할 수 있는지 다양한 수업 사례를 살펴봅니다. 학생들을 즐겁게 수업에 참여시킬 수 있는 강력한 도구인 패들렛 '샌드박스', 지금부터 함께 배워볼까요?

P A D L E T

5장

샌드박스로 만드는 학생 참여형 수업

5-01 샌드박스 알아보기

샌드박스는 패들렛에서 제공하는 실시간 협업 도구로, 사용자들이 함께 그림을 그리고, 디자인을 만들며, 의견을 나눌 수 있는 화이트보드입니다.

샌드박스 메인 화면 구성 살펴보기

샌드박스 메인 화면 모습을 살펴보겠습니다.

다음은 샌드박스 메인 화면입니다. 화면 중앙은 ❶화이트보드이고, 오른쪽 메뉴에는 화이트보드를 꾸밀 수 있는 다양한 기능의 도구들을 모아 놓은 ❷도구 모음입니다.

▲ 샌드박스 화이트보드 모습

도구 모음의 포스트잇, 도형, 이미지, 펜 기능 등을 활용하여 샌드박스의 화이트보드를 자유롭게 꾸밀 수 있습니다.

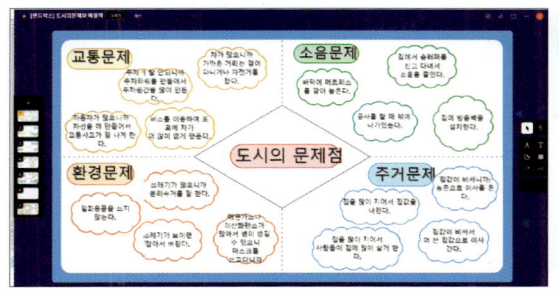

▲ 도구 모음을 활용한 화이트 보드 꾸미기

샌드박스를 활용하면 학생들의 생각을 한눈에 확인할 수 있습니다.

따라서 의견을 나눠야 하는 주제에 대한 브레인스토밍 수업을 진행하기에 적합합니다.

샌드박스는 패들렛과 마찬가지로 로그인 없이 게시물을 작성할 수 있어, 다양한 의견을 쉽고 빠르게 모을 수 있다는 장점이 있습니다.

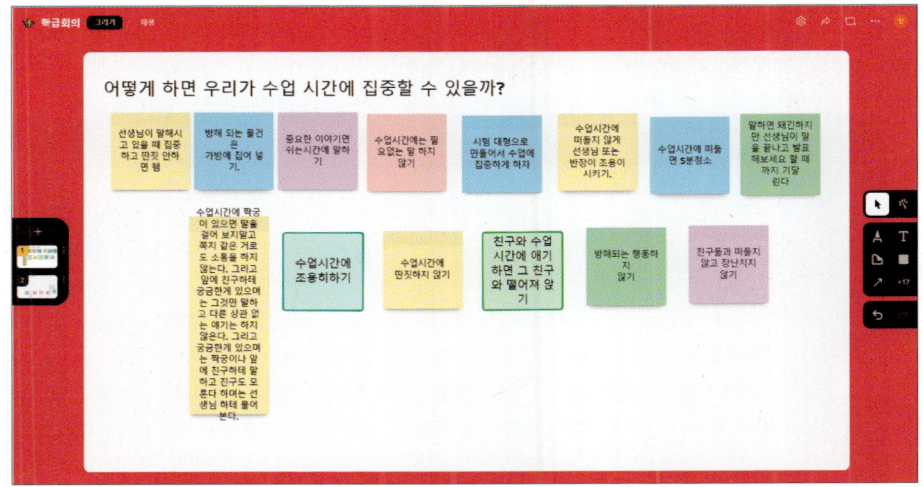

▲ 샌드박스를 활용한 의견 모으기

5장 샌드박스로 만드는 학생 참여형 수업　145

샌드박스 만들기

지금부터 샌드박스를 만드는 방법을 알아볼까요?

01 샌드박스를 만들기 위해 패들렛 홈에서 ❶[만들기]를 클릭 후 ❷[새 샌드박스]를 클릭합니다.

▲ 새 샌드박스 클릭

02 생성된 샌드박스 화이트보드를 확인합니다.

▲ 생성된 샌드박스

샌드박스 주요 기능 살펴보기

샌드박스의 주요 기능에 대해 살펴봅시다.

▲ 샌드박스 메인 화면 구성

❶ 제목	샌드박스의 제목을 나타냅니다.
❷ 카드	카드(슬라이드)를 추가할 수 있고, 생성된 카드(슬라이드)를 편집 및 확인할 수 있습니다.
❸ 공유패널	카드(슬라이드)를 설정 및 공유할 수 있습니다.
❹ 꾸밈 도구	샌드박스를 꾸밀 수 있는 도구 모음입니다.
❺ 그리기/재생	그리기를 클릭하면 편집 화면, 재생을 클릭하면 보기 전용모드로 슬라이드쇼가 실행됩니다.

샌드박스 카드(슬라이드) 살펴보기

샌드박스에서 활용할 수 있는 기능을 조금 더 자세히 알아보겠습니다.

샌드박스의 좌측 슬라이드부터 살펴보겠습니다.

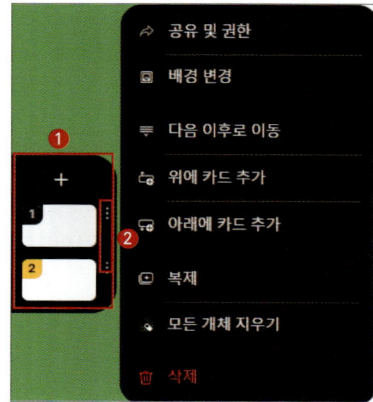

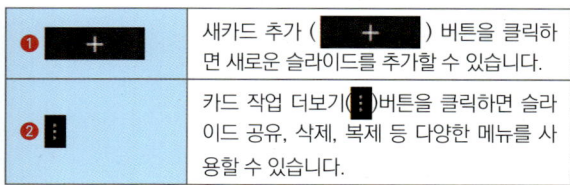

❶		새카드 추가 ( ) 버튼을 클릭하면 새로운 슬라이드를 추가할 수 있습니다.
❷		카드 작업 더보기( )버튼을 클릭하면 슬라이드 공유, 삭제, 복제 등 다양한 메뉴를 사용할 수 있습니다.

▲ 슬라이드 메뉴

카드(슬라이드) 공유 및 권한 기능 살펴보기

[공유 및 권한] 기능은 슬라이드를 외부로 공유할 때 사용할 수 있습니다.

이제 슬라이드 메뉴에서 꼭 알아야 할 [공유 및 권한] 기능과 옵션에 대해 알아보겠습니다.

그럼, 공유 및 권한 옵션을 자세히 살펴보겠습니다.

01 ❶[카드 작업 더보기]( ) 버튼을 클릭한 후 ❷[공유 및 권한] 메뉴를 클릭하면, 외부로 슬라이드를 보낼 수 있는 다양한 공유 옵션이 포함된 ❸공유 카드 창이 나타납니다.

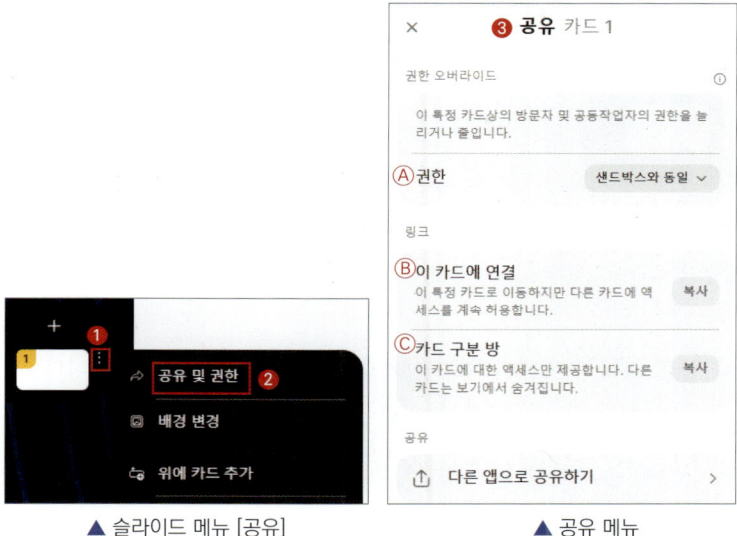

▲ 슬라이드 메뉴 [공유]　　　　　　▲ 공유 메뉴

Ⓐ 권한	공유할 슬라이드의 권한을 설정합니다. 권한은 4가지로 구분되며 다음의 특징이 있습니다. '샌드박스와 동일'은 방문자가 작성자 권한을 갖도록 설정합니다. '뷰어'는 샌드박스를 볼 수만 있도록 설정합니다. '작성자'는 누구나 새 개체를 추가할 수 있으며 자신의 개체만 편집할 수 있도록 설정합니다. '편집자'는 누구나 새 개체를 추가할 수 있으며 어떤 개체든 편집할 수 있도록 설정합니다
Ⓑ 이 카드에 연결	'이 카드의 연결' 메뉴의 링크를 복사하면 슬라이드에 접속할 수 있는 링크를 공유할 수 있습니다. 링크를 공유받은 사람은 슬라이드로 접속할 수 있으며 내용을 확인할 수 있습니다. 또한 다른 슬라이드의 내용 또한 확인할 수 있습니다.
Ⓒ 카드 구분 방	'카드 구분 방' 메뉴의 링크를 복사하면 슬라이드에 접속할 수 있는 링크를 공유할 수 있습니다. 링크를 공유 받은 사람은 슬라이드로 접속할 수 있으며 내용을 확인할 수 있습니다. 하지만 다른 슬라이드는 확인할 수 없습니다. 다른 슬라이드는 공개하지 않고 현재 슬라이드만 공유하는 기능입니다.

'이 카드의 연결' 기능과 '카드 구분 링크' 기능을 비교하여 살펴보겠습니다.

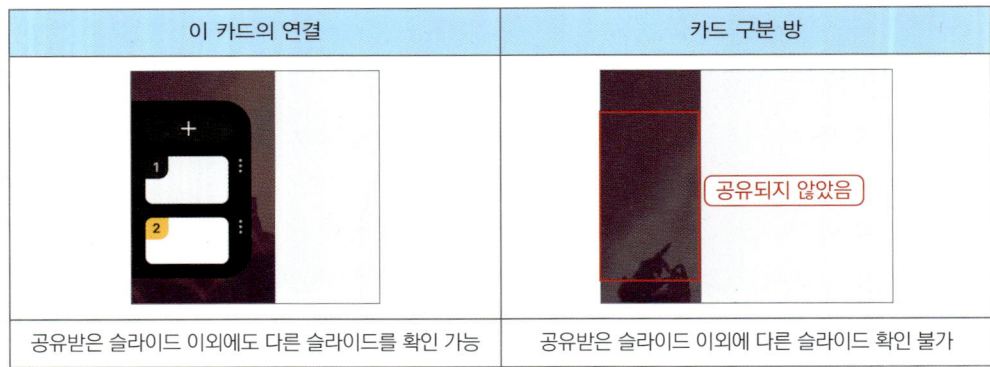

이 카드의 연결	카드 구분 방
공유받은 슬라이드 이외에도 다른 슬라이드를 확인 가능	공유받은 슬라이드 이외에 다른 슬라이드 확인 불가

교사의 TIP '카드 구분 방'은 패들렛의 '소회의실'과 동일한 기능입니다.

두 가지 기능을 정확히 이해하면 수업에 효과적으로 활용할 수 있습니다.

특히, '카드 구분 방'은 모둠 수업에 매우 효과적입니다.

모둠별로 각각의 슬라이드 링크를 '카드 구분 방'으로 생성하여 제공하면, 다른 모둠의 방해 없이 각자의 모둠에서 작품을 제작하거나 아이디어를 모을 수 있습니다.

이렇게 모아진 자료는 교사의 모니터 화면에서 한눈에 확인할 수 있습니다.

활동이 마무리된 후, 교사의 모니터 화면을 통해 다른 모둠의 아이디어를 공유할 수 있습니다.

배경 변경 기능 살펴보기

배경 변경 기능에 대해 알아보겠습니다.

샌드박스의 화이트보드 배경은 다양한 옵션으로 변경할 수 있습니다.

우선, 슬라이드 메뉴에서 배경을 변경하는 방법을 살펴보겠습니다.

01 ❶[카드 작업 더보기](⋮) 버튼을 클릭한 후 ❷[배경 변경] 메뉴를 클릭합니다. 카드 배경 창에서 수업 활동에 사용할 [템플릿]을 클릭합니다. 여기서는 ❸[벤 다이어그램]을 클릭해보겠습니다.

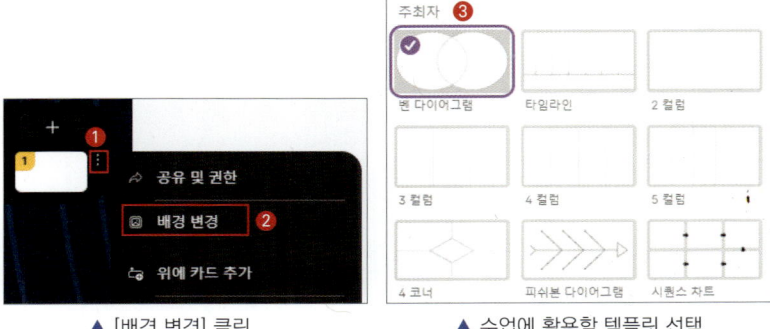

▲ [배경 변경] 클릭　　　　▲ 수업에 활용할 템플릿 선택

02 샌드박스의 배경이 바뀐 것을 확인할 수 있습니다.

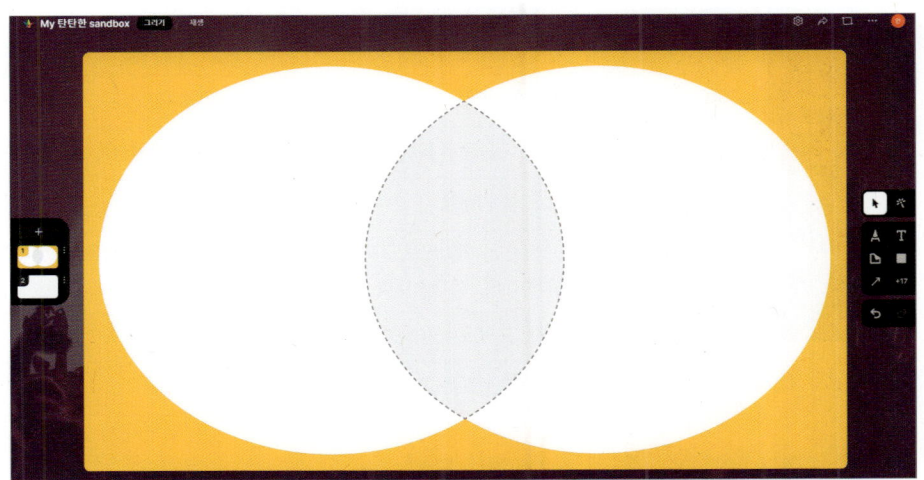

▲ 벤 다이어그램 배경

다양한 배경이 제공되기 때문에 수업 활동에 맞는 적절한 배경을 골라 사용할 수 있습니다. 배경의 종류를 확인해볼까요?

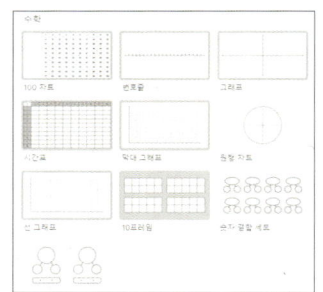  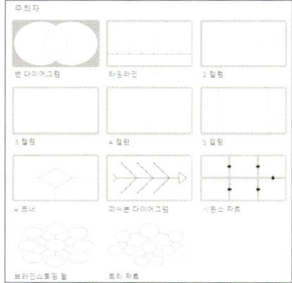

▲ 다양한 배경의 종류

샌드박스 도구 모음 기능 살펴보기

샌드박스를 다양하게 꾸밀 수 있는 도구의 기능에 대해 알아보겠습니다. 다음은 샌드박스의 우측에 있는 도구 모음의 기능을 설명한 표입니다.

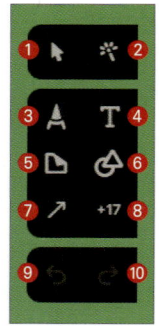

❶ 선택 V	기본 마우스 포인터로 드래그하거나 선택할 때 사용합니다.
❷ 포인터 P	레이저포인터로 화면을 강조하고 싶을 때 사용합니다.
❸ 그리기 D	그리기 기능으로 글씨를 쓰거나 그림을 그릴 때 사용합니다.
❹ 텍스트 T	텍스트를 입력할 수 있는 기능입니다.
❺ 참고 N	포스트잇을 화이트보드에 표현하는 기능입니다. 포스트잇을 붙여 자신의 생각을 남길 수 있습니다.
❻ 기하	다양한 도형을 사용하여 화이트보드를 꾸밀 수 있습니다.
❼ 커넥터 X	다양한 화살표를 화이트보드에 나타낼 수 있습니다.
❽ 첨부 파일	파일 업로드, 이미지 검색, 설문조사, 링크 삽입 등 다양한 기능을 사용할 수 있습니다.
❾ 실행 취소	실행 취소 기능입니다.
❿ 다시 실행	다시 실행 기능입니다.

▲ 샌드박스 도구모음

교사의 TIP 도구 모음 옆 영어는 해당 기능 단축키 입니다. 키보드의 영어를 누르면 기능이 실행됩니다.

샌드박스 설정 기능 살펴보기

샌드박스의 설정 기능을 알아보도록 하겠습니다.

01 ❶[설정]을 클릭합니다.

▲ 설정 클릭

02 설정 창에서 보이는 기능을 살펴보겠습니다. 샌드박스의 ❶제목과 ❷배경 화면을 변경해 보겠습니다.

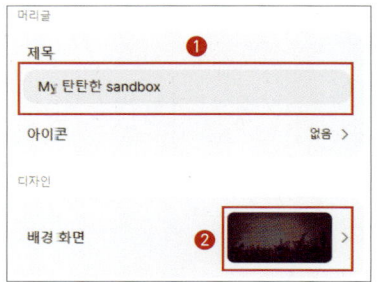

❶ 제목	샌드박스의 제목을 변경할 수 있는 메뉴입니다. 수업 주제에 맞는 제목으로 바꿔주세요.
❷ 배경 화면	샌드박스의 배경을 바꿀 수 있습니다. 수업에 맞는 배경으로 바꿔준다면 수업의 몰입도가 높아집니다.

▲ 제목과 배경 화면 변경

03 샌드박스는 동시에 접속하여 작업을 진행하는 공간입니다. 접속한 사람들의 아이디가 커서 형태로 화이트보드에 나타납니다. 수업 중 너무 많은 커서가 화면을 돌아다니면 내용에 집중하기가 어렵습니다. ❶커서 버튼을 우측으로 드래그하여 커서 기능을 끄게 되면 더 이상 화면에서 다른 사용자의 커서들이 보이지 않게 됩니다.

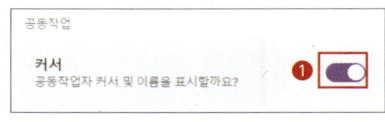

▲ 커서 메뉴

04 허용되는 도구 기능은 화이트보드를 꾸며주는 다양한 기능 중 내가 원하는 기능으로만 메뉴를 구성할 수 있게 해주는 기능입니다. 필요하지 않다고 생각하는 기능은 허용하지 않을 수 있습니다. ❶허용되는 도구 기능을 활용한다면 필요하지 않은 기능 또는 수업을 방해한다고 생각하는 기능을 사용하지 않을 수 있습니다. 수업 주제에 꼭 필요한 기능만 허용하여 학생들의 방해를 줄이고 수업에 집중할 수 있도록 할 수 있는 샌드박스의 핵심 기능입니다.

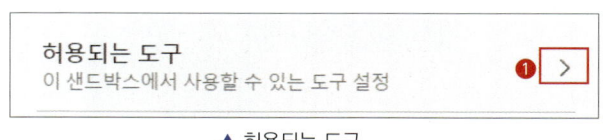

▲ 허용되는 도구

05 '허용되는 도구'를 활용한 사례를 확인해보겠습니다.

▲ 내가 원하는 기능으로 설정	▲ 원하는 기능만 허용된 모습
'허용되는 도구'에서 ❶'참고(포스트잇)' 기능만 남기고 모두 선택을 취소하였습니다.	샌드박스를 꾸며주는 도구 모음 창에서 '참고(포스트잇)' 기능만 남아있는 모습을 확인할 수 있습니다.

> **안쌤의 꿀팁** 허용되는 도구 기능을 활용하였는데 변화가 없다면?
>
> '허용되는 도구'에서 도구를 선택 취소했음에도 도구 모음 화면이 그대로고, 아무런 변화가 없어도 걱정하지 마세요. '허용되는 도구'에서 설정한 상태는 자신의 패들렛 화면에서는 적용되지 않고, 사용자에게만 적용됩니다.(즉, 링크를 통해 들어온 사용자에게만 적용됩니다.)
>
> 주소창에 패들렛 링크를 복사합니다. 복사한 샌드박스의 링크 주소로 자신의 아이디(예 관리자 또는 교사)가 아닌 다른 패들렛 아이디 (예 학생), 또는 익명으로 접속하게 되면 허용된 도구메뉴만 나타나는 것을 확인할 수 있습니다. 즉, 교사화면에서는 그대로 보이지만 교사가 제공한 링크로 접속한 학생들의 화면에서는 허용된 도구 기능이 적용된 상태로 보이게 됩니다.
>
>
>
> ▲ 주소창에 패들렛 주소를 복사하여 공유

06 내용조정 기능을 이용하면 학생들이 올린 게시물을 즉시 보이지 않도록 설정하고, 교사의 승인이 있어야만 공개되게 할 수 있습니다.

내용조정 기능을 활용하면, 학생들이 올린 게시물을 비공개 상태로 유지한 채 교사가 미리 검토할 수 있습니다. 교사가 승인하기 전까지는 게시물이 다른 친구들에게 공개되지 않습니다. 이 기능을 통해 교사는 학생들의 게시물을 미리 확인하고, 수업과 관련 없는 내용은 거절할 수 있으므로, 수업의 주도권을 효과적으로 유지할 수 있습니다.

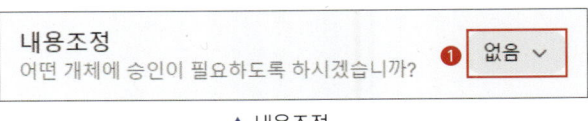

▲ 내용조정

07 '내용조정' 기능의 활용 방법을 알아보겠습니다. ❶[내용조정]을 클릭한 후 ❷'수동'을 선택합니다.

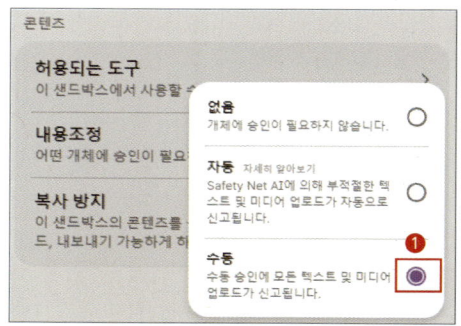
▲ 내용조정 클릭 후 수동으로 변경

08 이제 학생들이 올린 게시물은 다른 친구들이 볼 수 없으며, 교사(관리자)가 ❶[승인]해 주어야만 다른 학생들에게 공개됩니다. ❷[거절]을 선택하면 게시물이 삭제됩니다.

▲ '승인' 또는 '거절' 옵션 선택

샌드박스의 공유 기능 살펴보기

다음으로 샌드박스의 공유 기능을 살펴보도록 하겠습니다.

01 ❶[공유]를 클릭합니다.

▲ 공유 기능

사용할 수 있는 다양한 메뉴를 확인할 수 있습니다. 하나씩 살펴볼까요?

샌드박스 접속하는 방문자의 권한을 설정할 수 있는 메뉴가 있습니다.

방문자 권한은 기본적으로는 ❶'**작성자**'로 설정되어 있으며, 상황에 따라 원하는 옵션을 선택하여 사용하면 됩니다. ❷학생들에게 게시물을 공유하고 편집 권한을 주고 싶지 않다면 '**뷰어**', ❸게시물을 작성할 수 있는 권한을 주고 싶다면 '**작성자**', ❹기존의 게시물을 편집할 수 있는 권한까지 주고 싶다면 '**편집자**'로 설정하면 되겠습니다.

▲ 방문자 권한

▲ 방문자 권한 옵션

02 3장에서 배웠던 패들렛의 ❶[소회의실] 기능을 샌드박스에서도 사용할 수 있습니다. 패들렛과 마찬가지로 여러 슬라이드 중 내가 원하는 슬라이드만 ❷[복사]를 눌러 링크로 공유할 수 있습니다.

소회의실 기능을 활용하면 모둠별로 간섭받지 않는 슬라이드를 제공해줄 수 있습니다. 따라서 모둠별 또는 개인별로 비공개 작업을 진행할 수 있다는 장점이 있습니다.

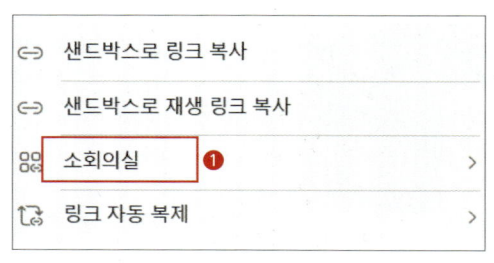

▲ 소회의실   ▲ 공유하고 싶은 슬라이드 링크 복사

03 학생들과 수업을 진행한 후 샌드박스의 결과물을 따로 저장할 수 있습니다.

내보내기 기능을 활용하면 학생들의 작품을 이미지, PDF로 저장할 수 있습니다. PDF로 저장하여 평가 결과물로 활용하거나 학급 문집을 만들 수 있습니다.

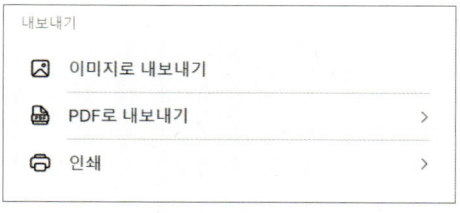

▲ 샌드박스 내보내기

화이트보드의 그리기와 재생 기능 살펴보기

다음으로 화이트보드의 그리기와 재생 기능을 알아보도록 하겠습니다.

01 좌측 상단을 살펴보면 ❶[그리기]와 ❷[재생] 버튼을 확인할 수 있습니다. [그리기]는 샌드박스를 편집할 수 있는 상태를 표현하는 단어이며, [재생]은 슬라이드쇼 형식으로 샌드박스를 감상하는 메뉴입니다.

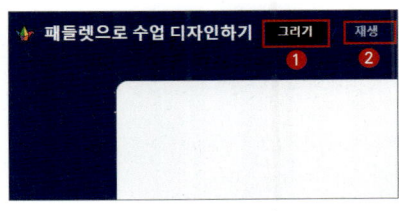
▲ 그리기와 재생 기능

02 ❶[재생]을 클릭해보겠습니다. [재생]을 클릭하면 편집할 수 있는 도구가 보이지 않게 되며 만든 카드가 여러 개일 경우 ❷하단에 슬라이드를 앞뒤로 넘길 수 있는 다음 카트[〉] 또는 이전 카트[〈] 버튼이 생성된 것을 확인할 수 있습니다. '그리기' 화면에서 모든 편집을 마무리하였다면, 작품을 감상할 때는 [재생]을 클릭하여 감상합니다.

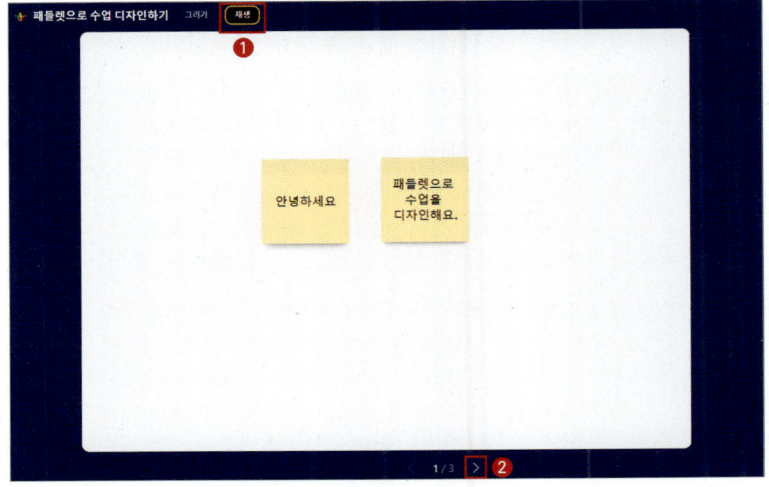
▲ 샌드박스 재생 화면

> 안쌤의 미니 특강

학생들이 다른 친구의 게시물을 허락없이 수정하거나 삭제하면 어떡하죠?

샌드박스를 활용해 다양한 의견을 브레인스토밍하는 수업 중, 친구의 게시물을 허락 없이 수정하거나 삭제하면 수업 진행이 어려워질 수 있습니다.

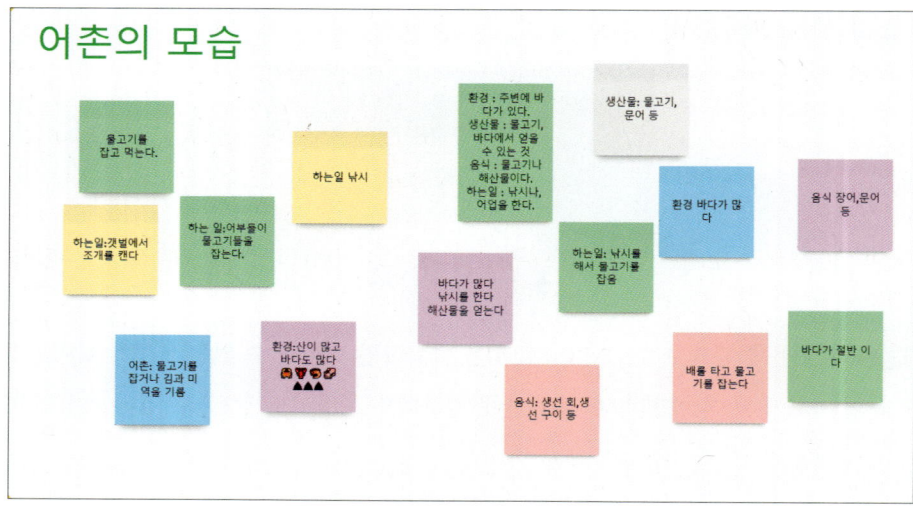

▲ 샌드박스를 활용한 브레인스토밍 수업

이 문제는 샌드박스의 '동결' 기능을 활용해 해결할 수 있습니다.

학생들이 올린 게시물을 ❶[마우스 오른쪽 버튼]으로 클릭하면 팝업 메뉴가 활성화되며, 그중 ❷[동결] 메뉴를 선택합니다. [동결]을 클릭한 순간부터 해당 게시물은 이동 및 편집이 불가능해집니다.

교사는 모든 학생들의 게시물을 동결시킬 수 있으며, 학생들은 자신의 게시물만 동결할 수 있습니다. (단, 학생의 방문자 권한이 '작업자'로 설정된 경우에만 가능합니다.)

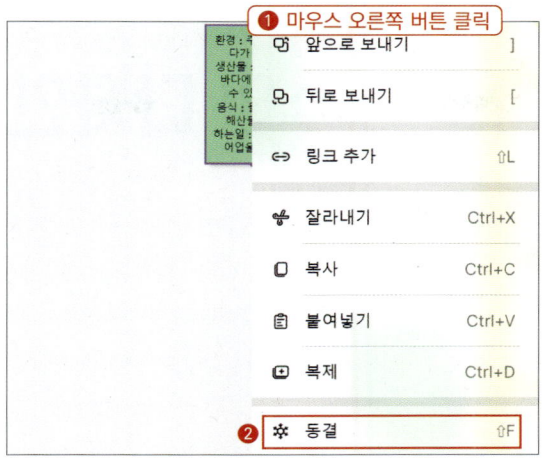

▲ 동결 기능

동결을 해제하고 싶다면 다시 한번 ❶[마우스 오른쪽 버튼]을 클릭한 후 ❷[동결 해제] 버튼을 선택합니다.

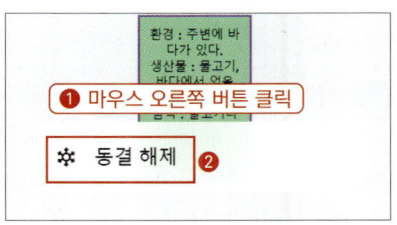

▲ 동결 해제

학생들이 게시물을 올린 직후 동결 기능을 활용하면, 해당 게시물은 편집이 불가능해집니다. 교사는 전체 게시물을 드래그하여 일괄 동결도 가능합니다. 이 기능을 사용하면 다른 학생들이 게시물을 수정하거나 삭제할 수 없기 때문에, 교사는 브레인스토밍 활동에만 집중하며 수업을 원활하게 진행할 수 있습니다. 동결 기능을 잘 활용하면 타인의 방해 없이 매끄럽고 효율적인 수업을 진행할 수 있겠죠?

5-02 샌드박스로 수업 디자인하기

템플릿 형식	수업 형태
샌드박스	샌드박스를 활용한 학생 참여형 수업

지금까지 샌드박스의 특징과 기본 기능을 알아보았습니다. 그렇다면 샌드박스로 어떻게 수업을 구성하고 어떤 활동을 할 수 있는지 살펴볼까요?

교실에서 이렇게 활용했어요!

학생 참여형 수업을 만들기 위해서는 학생들이 자유롭게 의견을 낼 수 있는 분위기를 조성하는 것이 중요합니다.

샌드박스는 기본적으로 로그인이 필요 없으며, 이 경우 게시물이 익명으로 업로드됩니다. 익명으로 게시물이 업로드되기 때문에 학생들은 보다 자유롭게 의견을 게시할 수 있습니다. 학생들은 학습 문제와 관련된 의견을 자유롭게 표현할 수 있으며, 익명으로 인한 문제점은 '동결' 기능, '내용조정' 기능, 또는 '허용되는 도구' 기능을 활용하여 해결할 수 있습니다.

다음은 사회 교과에서 샌드박스를 활용한 수업 사례입니다.

수업 주제는 '도시와 촌락의 공통점과 차이점'을 알아보는 것이었습니다.

학생들은 지금까지 배운 도시와 촌락의 특징을 바탕으로 의견을 나누고, 샌드박스를 활용하여 활발한 참여를 이끌어냈습니다. 많은 학생들이 최대한 많은 의견을 남길 수 있도록 독려하였으며, 수업의 마지막에는 좋은 의견을 함께 공유하며 판서로 정리하였습니다.

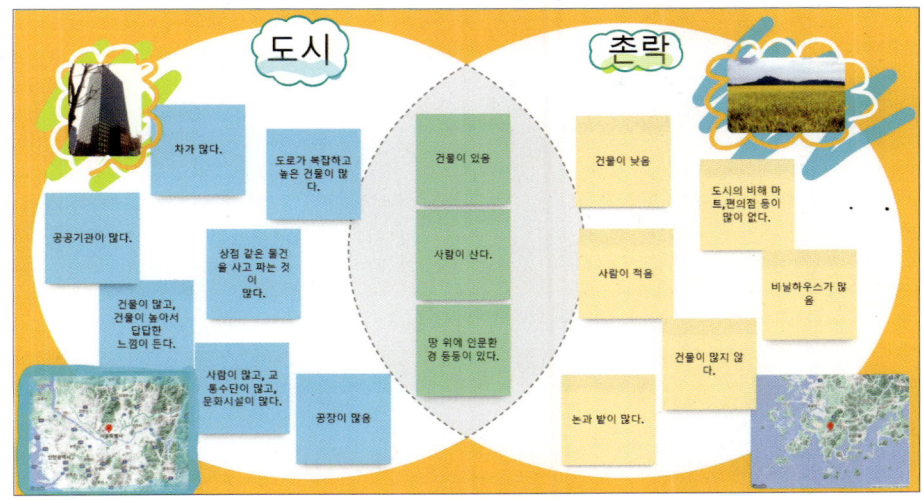

▲ 도시와 촌락의 공통점과 차이점

수업 흐름을 자세히 살펴볼까요?

안쌤의 수업 활용 방법 ▶ 수업 활용 방법

❶ '소회의실' 기능을 활용하여 모둠별 슬라이드 링크를 생성하고, 링크 정보를 담은 QR코드를 준비합니다.
❷ 슬라이드 '배경 변경 기능'을 활용하여 벤다이어그램 배경으로 변경합니다.
❸ 학생들은 게시물을 작성 후 '동결 기능'을 활용하여 자신의 게시물을 고정합니다.
❹ 학생들은 이미지 업로드, 포스트잇, 꾸미기 기능을 활용하여 슬라이드를 디자인합니다.
❺ 모둠 활동이 끝나면 교사의 화면을 보며 다른 모둠의 내용을 공유합니다.
❻ 핵심적인 내용은 판서를 통해 공책 정리하였습니다.

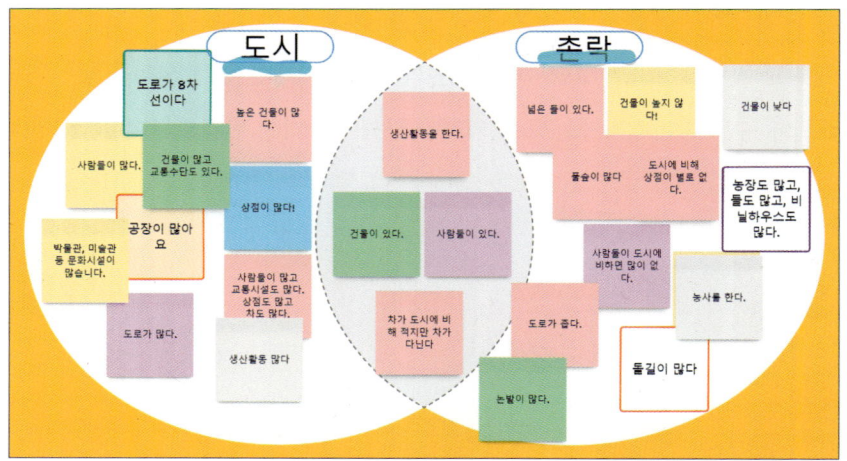

▲ 촌락과 도시의 공통점과 차이점

▲ 촌락과 도시의 공통점과 차이점

    활동지로 학습할 때보다 다양한 의견이 제시되었으며, 교과서에 나오지 않은 의미 있는 대답도 확인할 수 있었습니다.

    학생들은 친구들의 생각을 화면을 통해 즉각적으로 확인할 수 있었고, 이를 통해 활동을 어려워하던 학생들도 친구들의 게시물을 참고하며 아이디어를 떠올릴 수 있었습니다.

수업 실전 활용 25   샌드박스 슬라이드 디자인하기

샌드박스를 활용하여 슬라이드 디자인 수업도 진행할 수 있습니다. 다양한 꾸미기 기능과 이미지 업로드 기능을 활용해 특정 주제에 대한 자신만의 개성을 담은 자료를 제작할 수 있습니다.

다음은 여름방학이 끝난 후, 자신의 방학 생활을 돌아보며 친구들에게 소개하는 자료를 제작한 수업 사례입니다. 학생들은 샌드박스의 화이트보드에 이미지를 업로드하고, 글과 그림을 활용해 자료를 꾸며보았습니다.

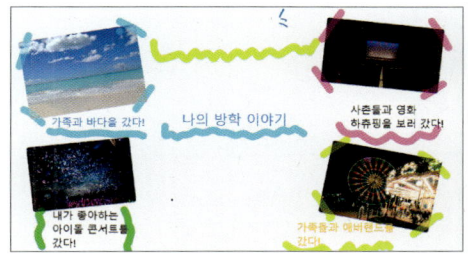 

▲ 샌드박스로 표현한 나의 방학생활

샌드박스는 로그인 없이 접속하여 다양한 꾸미기 기능을 손쉽게 활용할 수 있습니다.

미리캔버스나 캔바와 같은 난이도 있는 디자인 도구를 사용하기 어려운 학생들에게는 샌드박스를 활용한 디자인 수업을 추천합니다. 샌드박스의 슬라이드 꾸미기 기능을 활용하면 다양한 수업에 창의적으로 적용할 수 있습니다.

▲ 세계의 다양한 화산 소개하기   ▲ 내가 좋아하는 미술 작가 소개하기

수업 실전 활용 26 ─ 도시의 문제점 해결 방법 알아보기

샌드박스를 활용하면 기존의 수업 방식을 획기적으로 변화시킬 수 있습니다.

예를 들어, '도시의 문제점 해결 방법'을 알아보는 수업은 기존에 창문 학습지를 활용하여 진행되었습니다.

창문 학습지의 가운데 부분에는 도시의 문제점을 쓰고, 4가지 영역에는 도시의 대표적인 문제점을 적었습니다.

나머지 빈 공간에는 도시 문제의 해결책을 작성하였습니다.

그러나 기존의 창문 학습지로 모은 아이디어는 가독성이 떨어지고, 아이디어를 친구들과 공유하기 어렵다는 한계가 있었습니다.

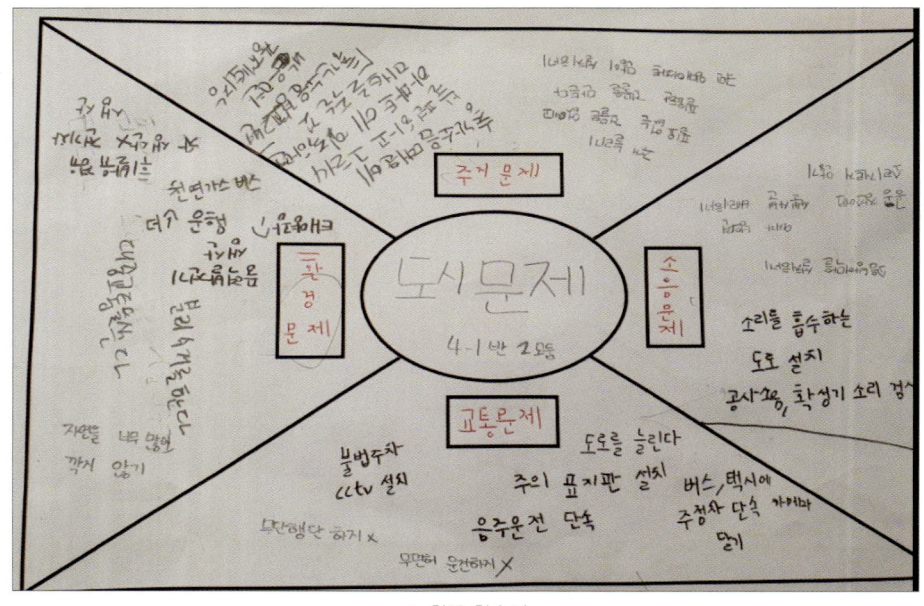

▲ 창문 학습지

하지만 샌드박스의 '배경 변경' 기능을 활용하면, 학생들의 아이디어를 빠르게 수합하고, 다양한 의견을 쉽게 공유할 수 있습니다.

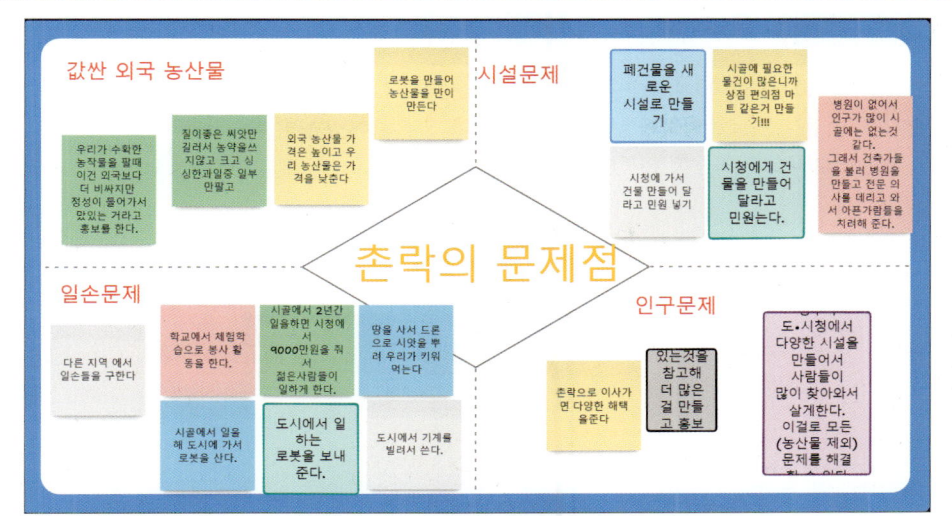

▲ 배경변경 기능을 활용한 창문 학습지 수업

배경 변경의 다양한 옵션 중 창문 학습지 틀과 유사한 ❶[코너]를 선택하였습니다.

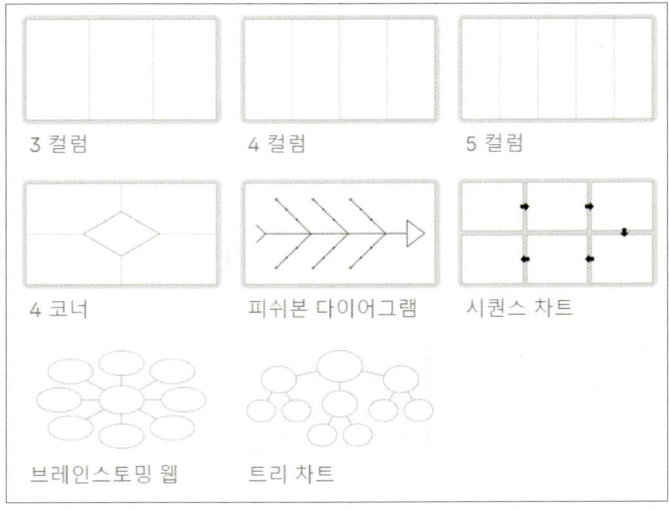

▲ 코너 옵션

학생들이 브레인스토밍한 내용을 토대로 핵심 내용을 함께 공유한 뒤, 공책에 기록하며 수업을 마무리하였습니다.

수업 실전 활용 27 　샌드박스로 동료 평가하기

학생들은 친구들의 글을 읽고 평가하는 과정을 어려워하거나 지루해합니다.
그렇다면, 친구가 쓴 글을 즐겁게 읽으며 동료 평가를 진행할 수 있는 방법은 없을까요?
샌드박스에 학생들이 쓴 글을 업로드하여 동료 평가를 진행하면, 이러한 고민을 효과적으로 해결할 수 있습니다.
그럼, 수업 사전 준비 사항과 진행 흐름을 살펴볼까요?

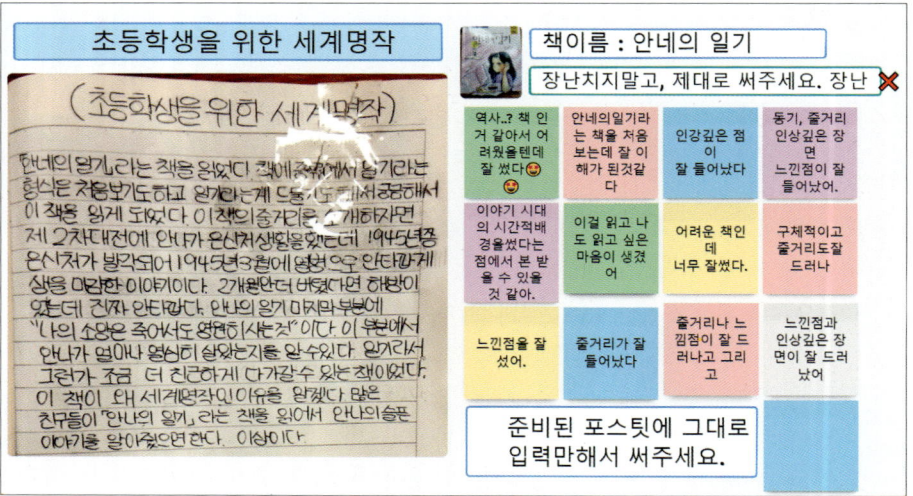

▲ 글쓰기 동료 평가

안쌤의 수업 활용 방법 ▶ 수업 활용 방법

❶ 교사는 학생 수만큼 슬라이드를 준비합니다.
❷ 주제에 맞는 글쓰기 후 카메라로 촬영합니다.
❸ 사진을 샌드박스에 올린 후 자신의 슬라이드를 꾸며봅니다. 이때 자신의 게시물은 꼭 '동결'하여 다른 친구들이 편집하지 못하게 합니다.
❹ 슬라이드 꾸미기가 완료되었으면 다른 친구들의 슬라이드를 방문하여 감상합니다.
❺ 글을 읽은 후 감상평을 포스트잇으로 남겨봅니다.

샌드박스를 활용한 다양한 동료 평가 사례를 살펴보겠습니다.

▲ 인상 깊게 읽은 책 소개 글쓰기 후 동료 평가 사례   ▲ 인상 깊게 읽은 책 소개 글쓰기 후 동료 평가 사례

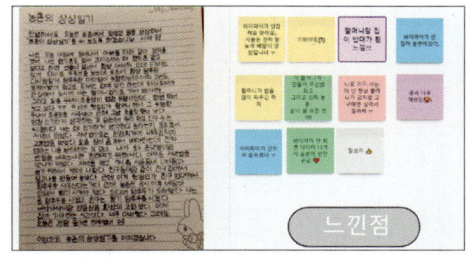 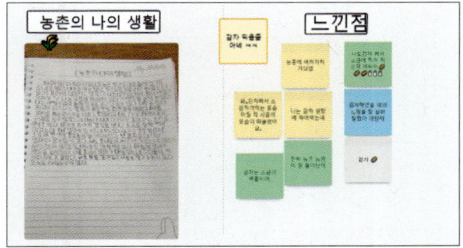

▲ 농촌생활의 하루 상상 일기 글쓰기 동료 평가 사례   ▲ 농촌생활의 하루 상상 일기 글쓰기 동료 평가 사례

샌드박스 슬라이드에 자신의 작품을 올리고, 주변 여백을 꾸며보는 활동을 진행합니다.
책 표지 사진을 올리거나, 관련된 내용을 디자인하여 추가하면 동료 평가 준비와 진행 과정에서 학생들이 즐거움을 느낄 수 있습니다.
이러한 과정을 통해 학생들은 수업에 흥미를 느끼고, 자연스럽게 친구들의 작품에 대한 호기심을 갖게 됩니다. 이처럼 샌드박스의 기능을 적절히 활용하면, 동료 평가 과정을 더욱 즐겁고 효율적으로 진행할 수 있습니다.

안쌤의 미니 특강

학생 작품 사진이 흐릿하다면 이렇게 해보세요

샌드박스를 활용하여 글쓰기 동료 평가를 진행하고 싶으신가요? 하지만, 카메라로 찍은 학생들의 글이 흐리게 나오면 가독성이 떨어지고, 수업에 대한 집중도도 낮아질 수 있습니다.

이 문제를 어떻게 해결할 수 있을까요?

이미지를 업로드하기 전에, 사진을 간단히 편집하면 훨씬 선명한 이미지를 얻을 수 있습니다.

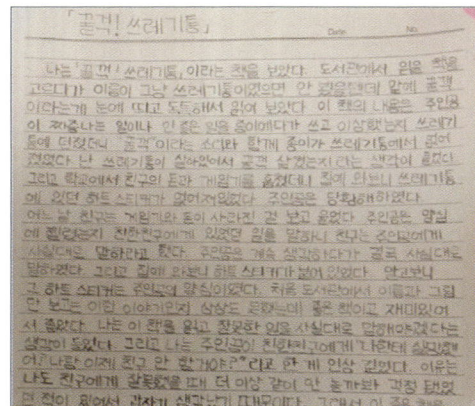

▲ 편집하기 전 공책을 찍은 사진   ▲ 편집 후 가독성이 높아진 사진의 모습

한 번 따라해볼까요?(단, 진행 방법은 스마트 기기 종류에 따라 방법이 다를 수 있습니다.)

01 ❶작품 사진을 찍습니다. 갤러리로 들어가 사진의 ❷[편집] 버튼을 선택합니다.

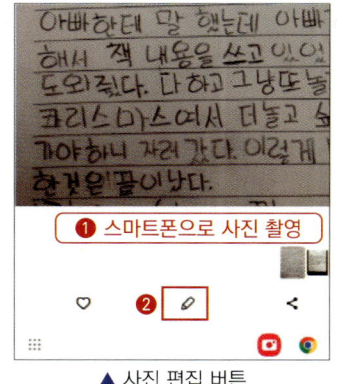

▲ 사진 편집 버튼

02 ❸하이라이트, ❹대비, ❺그림자 옵션을 조정해줍니다. 하이라이트, 대비, 그림자를 글자가 선명하게 보일 정도로 조정해주세요. 일반적으로 숫자를 높여주면 사진 속 글자가 선명해집니다.

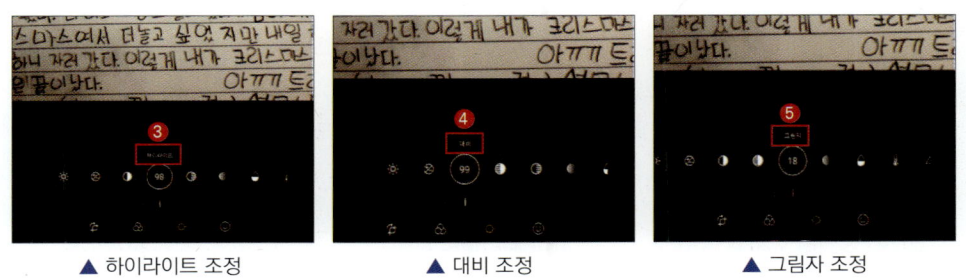

▲ 하이라이트 조정 　　　　　▲ 대비 조정　　　　　▲ 그림자 조정

학생들 스스로 옵션을 조절할 수 있을 정도로 간단한 기능이기 때문에, 사진을 올리기 전 학생들 스스로 사진을 편집할 수 있도록 합니다.

수업 실전 활용 28 정보화로 달라진 사회모습 알아보기

샌드박스의 다양한 기능을 모두 사용하는 것이 부담스럽다면, 포스트잇 붙이기 기능만 활용한 간단한 수업도 가능합니다.

다음은 '정보화로 달라진 사회 모습' 수업 사례입니다.

수업을 시작하면서 학생들에게 정보화로 달라진 사회 모습에 대한 자신의 의견을 남기도록 요청했습니다. 그 결과, 교과서에 제시된 사례보다 훨씬 다양한 의견이 표현되었습니다.

아이들은 각자 다양한 생각과 의견을 가지고 있지만, 여러 이유로 이를 표현하지 못하는 경우가 많습니다. 이때 샌드박스를 학생들의 수업 참여를 이끌어내는 마중물로 활용하면, 다양한 생각이 쏟아지는 수업을 경험할 수 있습니다.

학생들의 의견이 충분히 모이면, 이를 하나씩 읽어보며 우수한 의견을 발표하고, 함께 이야기를 나누며 수업을 진행했습니다.

▲ 정보화로 달라진 사회 모습 알아보기

정보화로 달라진 사회 모습을 알아보고, 이로 인해 발생하는 문제점에 대한 의견도 샌드박스를 활용해 모았습니다.

활동에 어려움을 느끼던 학생들도 친구들의 의견을 보며 아이디어를 떠올릴 수 있었고, 다양한 생각들이 화이트보드에 모이게 되었습니다.

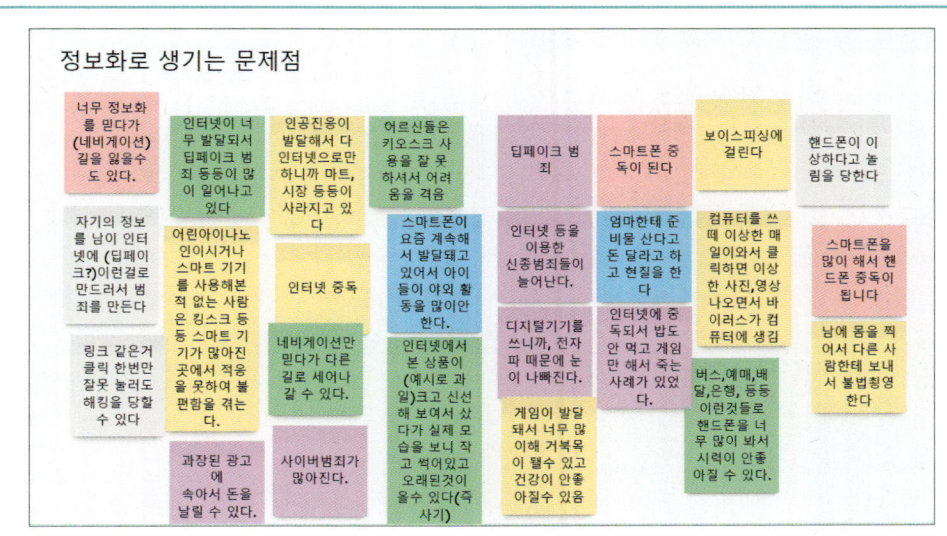

▲ 정보화로 생기는 문제점 알아보기 1

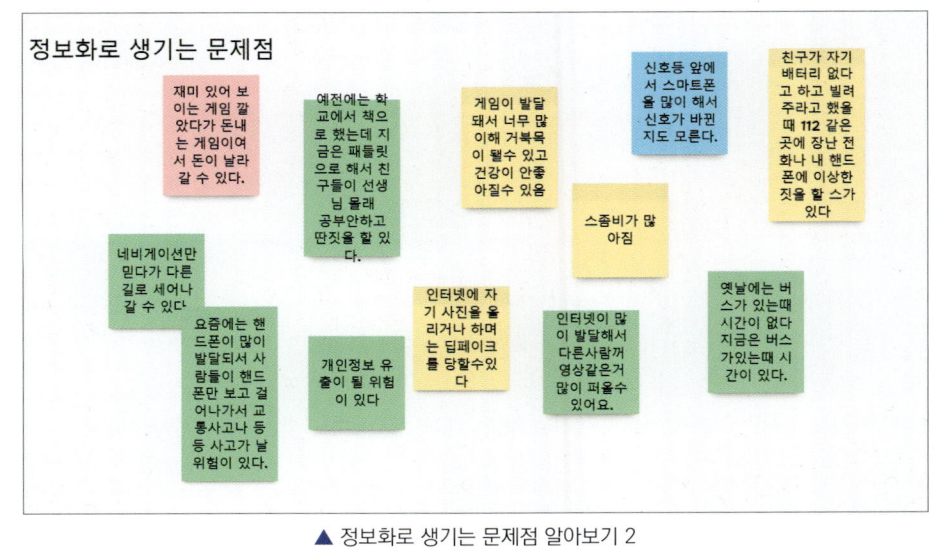

▲ 정보화로 생기는 문제점 알아보기 2

수업 실전 활용 29   샌드박스로 토론 수업하기

샌드박스는 학생들이 의견을 쉽게 표현할 수 있는 공간입니다.

토론 수업 전에 학생들의 의견을 수집하는 도구로 활용해 보았습니다.

예를 들어, 인물의 행동에 대한 자신의 생각을 표현하는 '수직선' 활동을 진행했습니다.

샌드박스의 배경 변경 기능을 활용하여 화이트보드를 5칸으로 나눈 후, 학생들은 인물의 행동에 대한 자신의 생각을 자유롭게 표현해 보았습니다.

학생들이 각자의 의견을 남긴 후, 이를 바탕으로 인물의 행동에 대한 토론 수업을 진행했습니다.

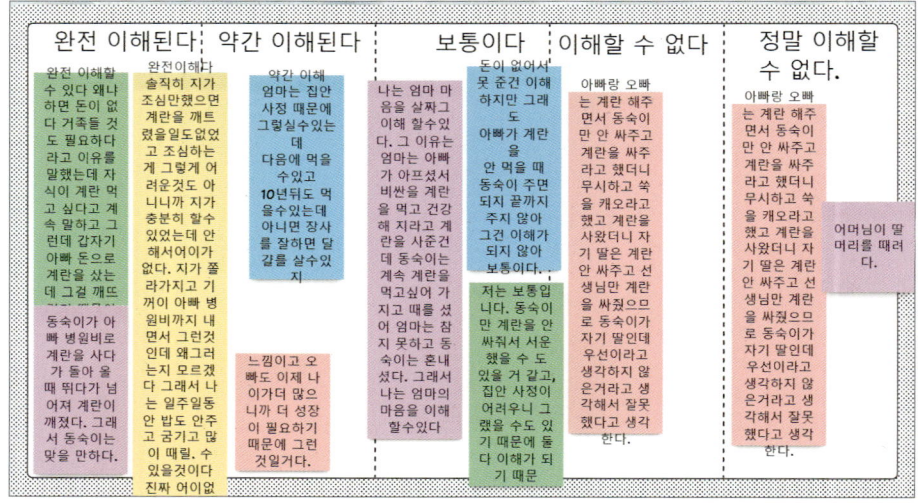

▲ 인물의 행동에 대한 자신의 생각 표현하기

기존의 토론 수업에서는 적극적으로 의견을 표현하는 소수의 학생들만 주로 참여하는 경우가 많았습니다.

생각은 가지고 있지만 말로 표현하기 어려워 의견을 드러내지 못하는 학생들도 많았습니다.

하지만 샌드박스를 활용해 모든 학생이 자신의 의견을 표현한 후 토론 수업을 진행하면, 다양한 의견을 들어볼 수 있을 뿐만 아니라, 학생들이 보다 적극적으로 의견을 표현하는 모습을 확인할 수 있습니다.

| 수업 실전 활용 30 | 샌드박스로 학급 회의하기 |

샌드박스로 학급 회의를 진행해 볼까요?
학급 회의에서 학생들의 적극적인 참여를 위해 샌드박스를 활용했습니다.
간단한 안건에 대한 의견부터, 이야기 나누어 봐야 할 문제까지 다양한 주제의 학급 회의를 샌드박스로 진행할 수 있습니다.

❶ 텍스트 기능으로 주제를 적어 놓은 뒤 '동결'을 활용하여 학생들이 수정할 수 없도록 합니다.
학생들의 의견을 남길 수 있는 시간을 충분히 주고, 모아진 의견을 토대로 학급 회의를 진행합니다. 다양한 학생들이 부담 없이 의견을 낼 수 있다는 장점이 있어 다양한 의견이 수합된다는 장점이 있습니다. 학생들이 포스트잇 기능을 활용해 올린 의견은 비슷한 의견끼리 분류하고 정리해주면 좋습니다.

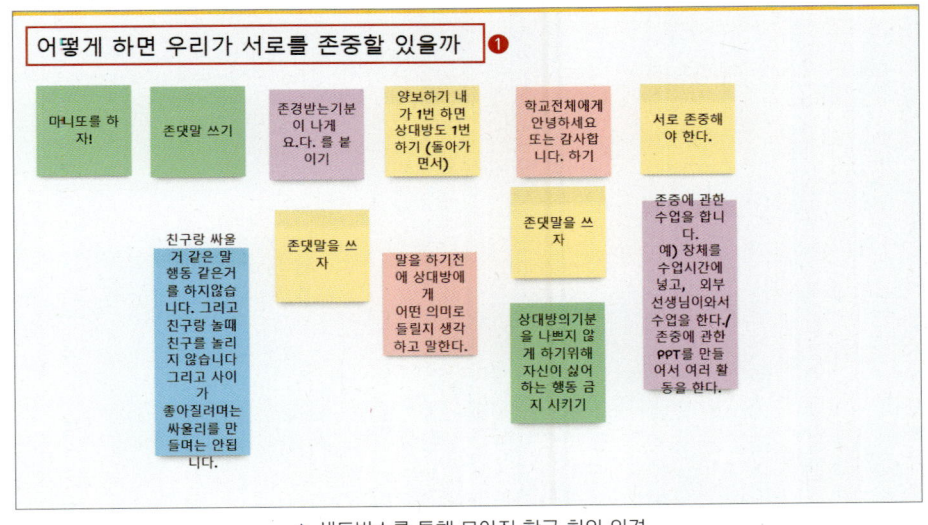

▲ 샌드박스를 통해 모아진 학급 회의 의견

5장 샌드박스로 만드는 학생 참여형 수업

현대 사회에서 인공지능의 발달 속도가 점점 빨라지고 있습니다. 교육 현장에도 다양한 분야에 인공지능이 활용되고 있는데요.

패들렛에서도 인공지능을 활용하여 수업을 도와주는 기능이 업데이트 되었습니다. 이 장에서는 AI(인공지능)를 활용하여 쉽고 빠르게 패들렛을 생성할 수 있는 'AI 추천 레시피' 기능을 알아봅니다. AI 추천 레시피의 특징과 기본 기능을 배워보며, 이를 통해 어떻게 패들렛을 생성할 수 있는지 살펴봅니다. 지금부터 패들렛 'AI 추천 레시피'를 배워 볼까요?

PADLET

6장

패들렛 AI로 쉽고 빠르게 수업에 활용하기

6-01
'AI 추천 레시피' 란?

패들렛의 'AI 추천 레시피'는 사용자가 원하는 주제를 설명하면, AI가 이를 바탕으로 패들렛 게시판을 자동으로 만들어 주는 기능입니다. 예를 들어, 특정 과목의 학습 목표나 주제를 입력하면 관련된 학습 자료, 퀴즈, 프로젝트 아이디어 등에 대한 게시물을 만들어 줍니다. 이를 통해 교사는 빠른 교수 학습 자료 제작, 수준에 맞는 맞춤형 학습 콘텐츠를 제작할 수 있습니다. 다음은 '5학년 학생들과 지구의 날을 기념하며 활동하기'라는 주제로 AI가 만들어 낸 패들렛과 게시물입니다.

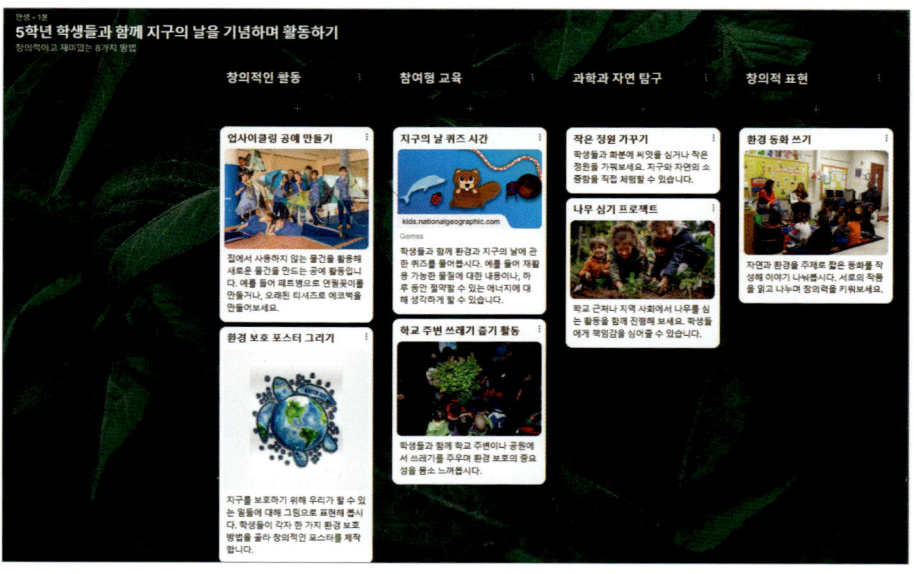

▲ '패들렛 AI 추천 레시피로 생성한 게시판'

패들렛에서 총 10가지의 AI 추천 레시피를 제공하고 있습니다.

▲ AI 추천 레시피 목록

각 추천 레시피가 인공지능의 도움을 받아 어떤 역할을 수행하는지 간단하게 정리하면 다음과 같습니다.

토론 게시판	주제와 학년을 선택하시면 게시판에서 진행할 토론을 추천하는 기능입니다.
읽기 목록	수업에 사용할 맞춤 읽기 자료 목록을 만듭니다.
수업활동생성	입력한 수업 정보를 통해 패들렛으로 할 수 있는 활동에 대한 아이디어를 만들어 줍니다.
역사적 사건 지도	세계 곳곳의 역사적 사건을 보여주는 지도를 만듭니다.
수업설계	학습목표, 수업자료, 평가 등을 포함한 자세한 수업 설계를 할 수 있습니다.
평가 설문조사	특정 주제에 대한 학생들의 이해도를 평가할 수 있는 설문 세트를 만듭니다.
수업 활동 아이디어	학습할 주제의 활동 아이디어를 추천해 줍니다.
기준표	강의 내 프로젝트 또는 숙제를 평가하기 위한 맞춤 기준표를 만듭니다.
사건 연대	역사적 사건, 기간, 과정을 보여주는 타임라인을 생성합니다.
맞춤 게시판	AI의 도움을 받아 수업에 사용할 게시판을 생성합니다.

> **안쌤의 꿀팁** AI 추천 레시피를 사용하기 전 꼭 알아야 될 사항
>
> 다음은 AI 추천 레시피를 사용하기 전 꼭 알아야 될 사항입니다.
> ❶ AI 추천 레시피는 ChatGPT4와 웹 검색을 활용하여 텍스트를 생성하고 정보를 찾습니다. 하지만 개인정보나 콘텐츠가 AI에게 전달되거나 노출되지 않기 때문에 개인정보가 보호됩니다.
> ❷ AI와 웹 검색을 기반으로 텍스트, 이미지, 링크, 비디오를 생성합니다. 기존에 사용되는 유튜브 영상, 기사 링크, 퀴즈 사이트를 추천해주며, 수업에 바로 활용할 수 있습니다.
> ❸ 2023년 4월 이후의 이벤트에 대한 정보는 제공하지 않습니다.
> ❹ 인공지능을 활용하기 때문에 잘못된 정보를 담은 게시물이 생성될 수 있습니다. 수업 전 꼭 불필요한 부분이나 부적절한 부분이 있는지 확인이 필요합니다.

6-02
'AI 추천 레시피' 활용 방법

템플릿 형식
AI 추천 레시피

수업 형태
AI와 함께 만드는 맞춤 게시판

AI 추천 레시피는 교사 계정에서만 사용 가능합니다. 따라서 사용하기 전 먼저 교사 계정으로 설정을 바꿔 주어야합니다.

교사 계정으로 설정하는 방법을 알아보겠습니다.

01 패들렛 홈에서 ❶[계정]을 클릭 후 ❷[설정]을 클릭합니다.

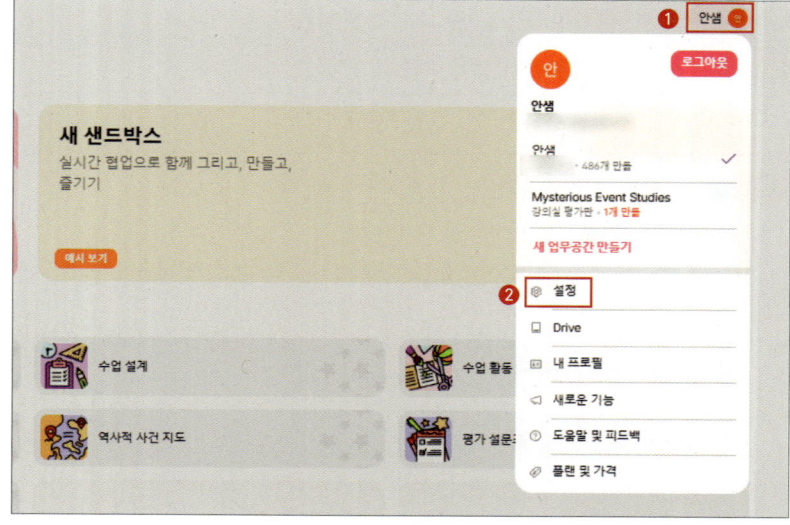

▲ 설정으로 이동

02 계정유형에서 ❶[연필]을 클릭 후 ❷[교사]를 선택하면 변경이 완료됩니다.

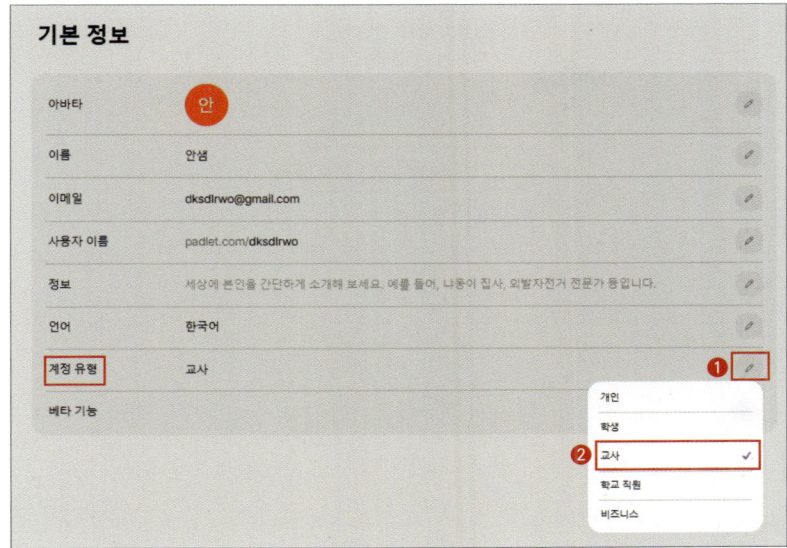

▲ 교사 계정으로 변경

교사 계정으로 변경하였다면 레시피를 사용하는 방법을 알아보도록 하겠습니다.

01 패들렛 홈에서 ❶[만들기]를 클릭합니다.

▲ 만들기 클릭

6장 패들렛 AI로 쉽고 빠르게 수업에 활용하기　181

02 ❶우측 메뉴에서 [AI 추천 레시피]를 클릭합니다.

▲ 추천 레시피 클릭

03 패들렛 AI에서 추천하는 다양한 레시피를 확인할 수 있으며, 원하는 주제의 레시피를 클릭하여 진행합니다.

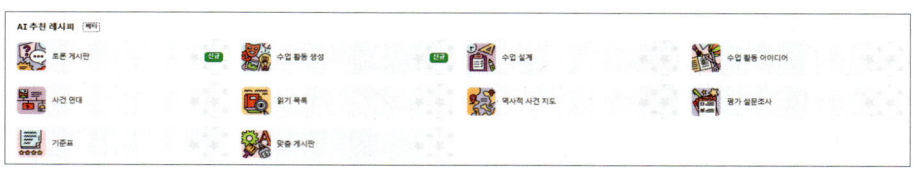

▲ AI 추천 레시피 목록

이번 장에서는 수업에 가장 많이 활용되는 맞춤게시판, 사건 연대, 역사적 사건 지도, 수업 활동 생성, 수업 설계를 중점으로 알아보도록 하겠습니다.

패들렛 AI로 맞춤 게시판과 게시물 생성하기

패들렛 AI 추천 레시피에서 가장 많이 사용되는 맞춤 게시판을 알아보도록 하겠습니다. 맞춤 게시판은 사용자가 원하는 수업을 설명하면 AI가 원하는 게시판과 게시물을 생성해 줍니다.

맞춤 게시판 기능을 사용하여 게시판을 만들어 보겠습니다.

01 AI 추천 레시피의 ❶[맞춤 게시판]을 클릭합니다.

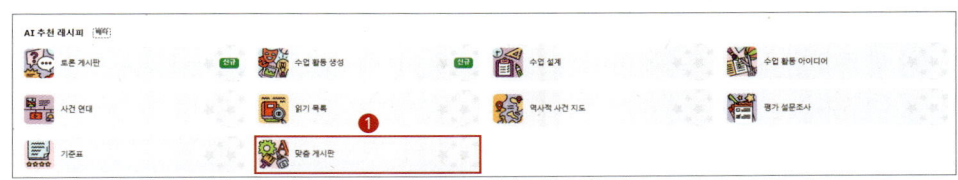

▲ 맞춤 게시판

02 ❶맞춤 게시판에 들어갈 내용을 구체적으로 설명하고 ❷[만들기]를 클릭합니다.

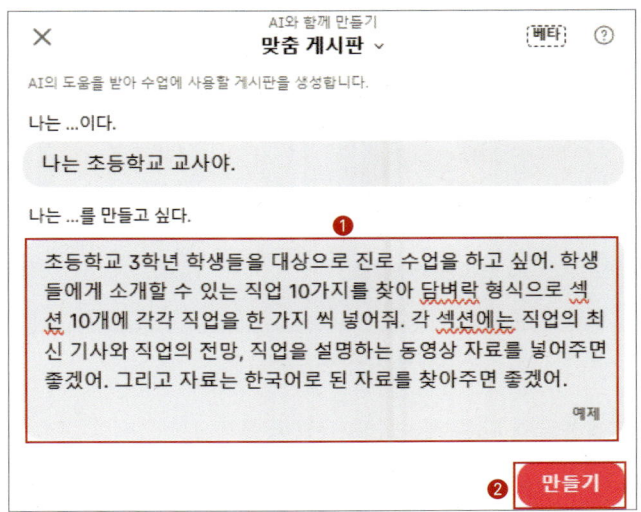

▲ 만들고 싶은 수업 제작

6장 패들렛 AI로 쉽고 빠르게 수업에 활용하기

> **안쌤의 꿀팁** AI 추천 레시피 프롬프트 입력 시 고려해야할 사항
>
> AI 추천 레시피는 Chat GPT를 기반으로 학습된 AI입니다. 따라서 추천 레시피에 입력하는 질문은 구체적일수록 원하는 결과값을 얻을 수 있습니다. 다음과 같은 사항을 고려하여 명령어를 만들어 보세요.
>
> AI 추천 레시피 입력 시 고려해야할 사항
> ❶ 수업을 하는 나는 누구인가요?(초등학교 교사, 중학교 교사 등)
> ❷ 수업 대상이 몇 학년인가요?
> ❸ 게시물을 몇 개 생성할까요?
> ❹ 어떤 템플릿을 사용할까요? (담벼락, 타임라인 등)
> ❺ 어떤 내용을 담을까요?(기사문, 영상, 생각해볼 문제 등)
> ❻ 어떤 언어를 사용한 자료를 찾을까요?

03 만들어진 게시판을 확인합니다. 실제로 사용할 수 있는 영상, 기사의 링크를 제공하는 것을 확인할 수 있습니다.

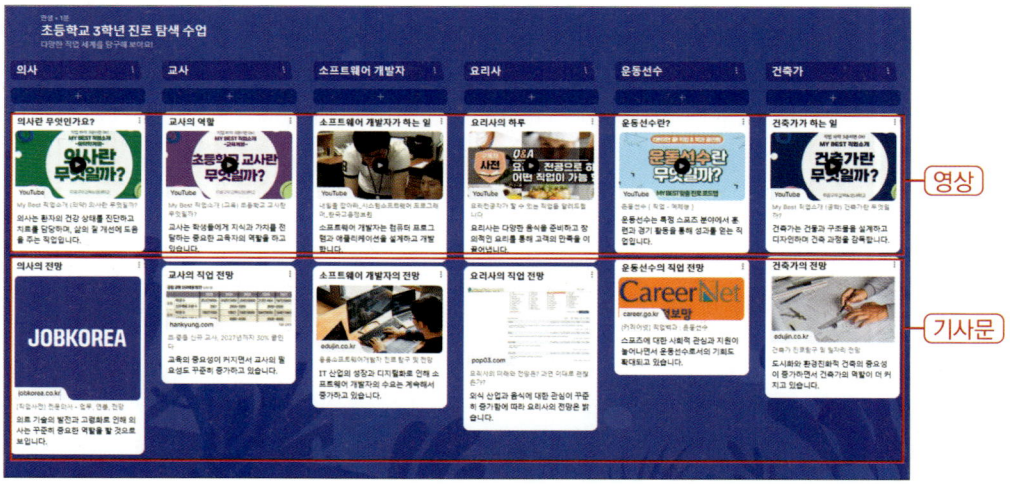

▲ 만들어진 게시판 확인

맞춤 게시판을 활용하여 다른 게시물도 생성해 볼까요?

이번에는 다음과 같은 명령어로 게시물을 생성해 보았습니다.

수업받은 대상과 어떤 템플릿을 사용할지 구체적으로 적었습니다. 또한 예시로 사용될 게시물을 요청하였고, 게시물에 담길 내용도 명령하였습니다.

명령을 구체적으로 내렸기 때문에 원하는 게시물이 생성된 것을 확인할 수 있습니다. 학생들은 패들렛에 접속하여 자신의 경험을 나열하며 수업을 진행할 수 있습니다.

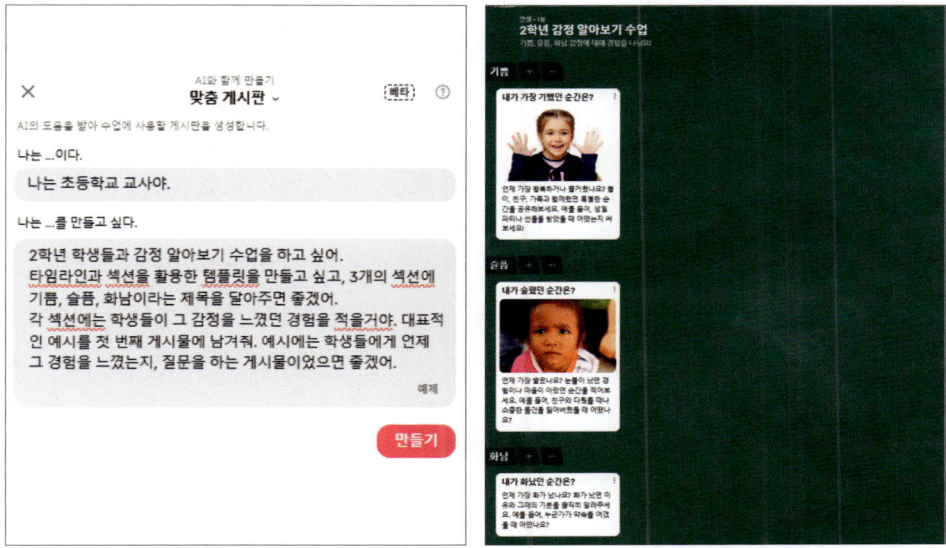

▲ 맞춤 게시판 예시　　　　　　▲ 맞춤 게시판 기능으로 생성된 게시물

교사의 TIP 인공지능이 만든 게시물은 사용자가 내린 명령과 다를 수 있습니다. 수업 전 게시물을 확인하며 부적절한 내용은 없는지, 바꿔야 할 내용이 없는지 꼭 확인합니다.

맞춤 게시판의 특징을 알고 적절하게 활용한다면 수업 준비를 쉽고 빠르게 할 수 있습니다.

패들렛 AI로 사건 연대 게시판 만들기

다음으로는 사건 연대 기능을 알아보도록 하겠습니다. 사건 연대 레시피는 시간의 흐름으로 게시물을 생성해주는 기능입니다.

사건 연대 기능을 사용하여 게시판을 만들어 보겠습니다.

01 AI 추천 레시피에서 ❶[사건 연대]를 클릭합니다.

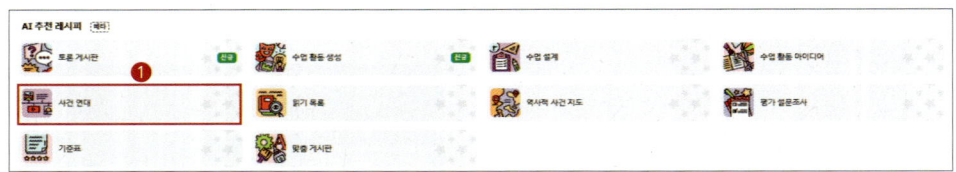

▲ 사건 연대

02 ❶[제목]과 ❷[대상 학년]을 선택 후 ❸[수업 주제]와 ❹[기간](옵션)을 선택합니다. [기간](옵션)은 AI가 어떤 사건을 검색하는 시간적인 기준이 됩니다. 마지막으로 어떻게 게시판을 만들지 ❺[추가 세부정보](옵션)를 자세히 입력합니다. 모든 정보를 입력했다면 ❻[만들기]를 클릭합니다. (옵션은 필수로 입력하지 않아도 됩니다.)

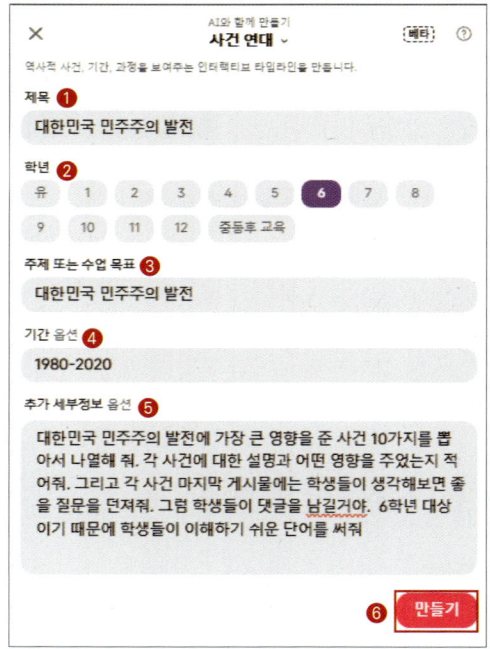

▲ 생성할 게시물의 정보 입력

03 만들어진 게시물을 확인합니다.

▲ 만들어진 게시물 확인

수업 실전 활용 31   현대사에 가장 영향을 준 10가지 사건 게시물 만들기

사건 연대 레시피를 활용하여 다른 게시물도 생성해 볼까요?
이번에는 다음과 같은 명령어로 게시물을 생성해 보았습니다. 현대사에 가장 영향을 준 10가지 사건을 뽑아보았고, 마지막 게시물에 학생들이 생각해볼 문제까지 넣은 게시물이 생성된 것을 확인할 수 있습니다

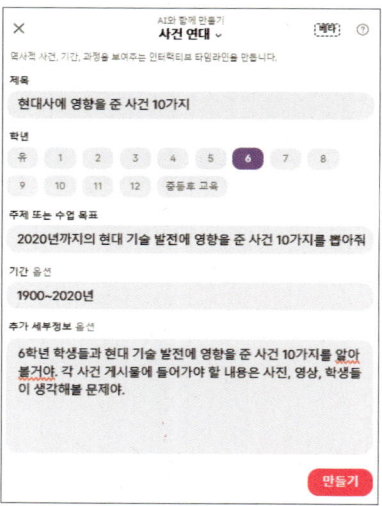

▲ 사건 연대 수업 사례

▲ 사건 연대 기능으로 생성된 게시물

패들렛 AI로 역사적 사건 지도 템플릿 만들기

다음으로는 역사적 사건 지도 기능을 알아보도록 하겠습니다. 역사적 사건 지도는 AI에게 명령을 입력하면 세계 곳곳의 역사적 사건을 보여주는 지도 템플릿을 제작해줍니다. 사건 연대 기능을 사용하여 게시판을 만들어 보겠습니다.

01 ❶[역사적 사건 지도]를 클릭합니다.

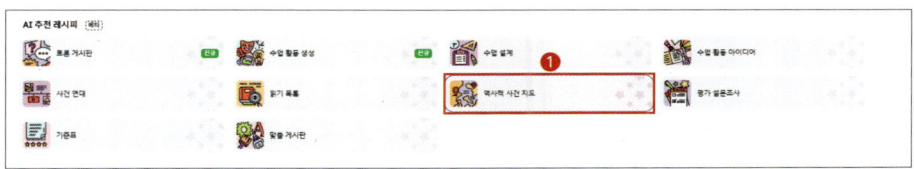

▲ 역사적 사건 지도 클릭

02 수업 주제에 맞는 ❶[제목], [학년], [주제 또는 수업 목표], [기간](옵션), [지리적 초점](옵션), [추가 세부정보](옵션)를 입력한 후 ❷[만들기]를 클릭합니다. (옵션 항목은 필수로 입력하지 않아도 됩니다.)

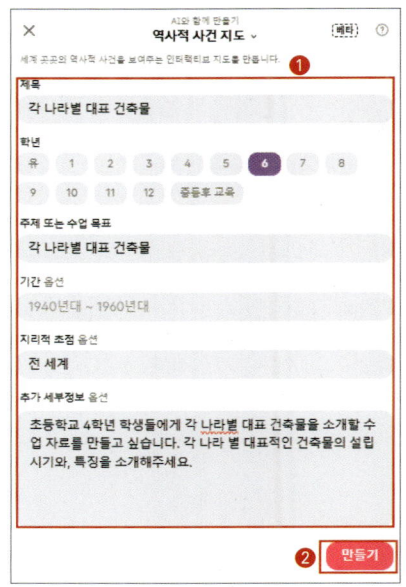

▲ 역사적 사건 지도 내용 입력

03 만들어진 게시판을 확인합니다. 각 나라별 대표적인 건축물과 특징이 정리된 것을 확인할 수 있습니다.

▲ 게시물 확인

수업 실전 활용 32 — 각 나라의 수도와 인구수를 알아볼 수 있는 게시판 만들기

역사적 사건 지도 레시피를 활용하여 다른 게시물도 생성해 볼까요?
이번에는 다음과 같은 명령어로 게시물을 생성해 보았습니다.

- 제목 : 각 나라의 수도와 인구 수
- 학년 : 6
- 주제 또는 수업 목표 : 각 나라의 수도와 인구 수
- 기간 (옵션) :
- 지리적 초점 (옵션) :
- 추가 세부정보 (옵션) : 각 나라의 수도와 인구 수를 나타내 줘.

각 나라의 수도와 인구수를 알아볼 수 있는 게시판을 생성했습니다.

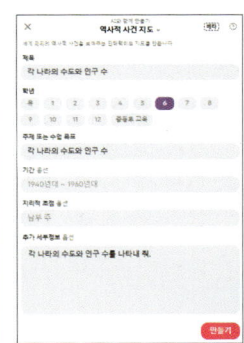

▲ 사건 연대 수업 사례　　　　　▲ 각 나라의 수도와 인구수

역사적 사건 지도 레시피를 활용하면 학생들에게 지리적인 위치뿐만 아니라, 그 지역의 특징까지 나타내는 게시물을 쉽고 빠르게 만들어 낼 수 있습니다.

패들렛 AI로 수업 활동 생성하기

다음으로는 수업 활동 생성 레시피에 대해 알아보겠습니다. 패들렛으로 할 수 있는 다양한 활동에 대한 아이디어를 소개해주는 레시피입니다.

01 AI 추천 레시피에서 ❶[수업 활동 생성]을 클릭합니다.

▲ 수업 활동 생성 선택

02 ❶[제목]과 ❷[주제 (옵션)]을 입력하고 ❸[학년]을 선택합니다. 이때 내가 생성하고 싶은 수업을 기준으로 작성하면 됩니다. (옵션은 필수 입력 사항이 아니기 때문에 입력하지 않아도 됩니다.)

▲ 옵션 입력 및 선택

03 다음과 같은 예시로 작성하면 인공지능이 패들렛으로 할 수 있는 활동을 추천해줍니다. 필자는 사회정서학습을 학생들에게 지도할 때 사용할 수 있는 패들렛 활동을 추천받았습니다. 다양한 활동이 추천되고, 그 중 자신의 강점 공유하기를 선택하였습니다.

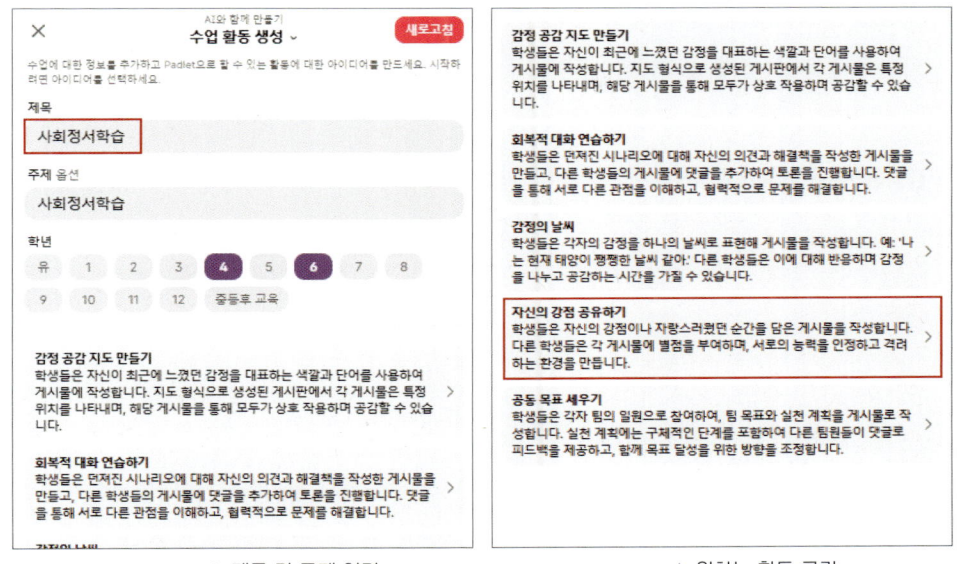

▲ 제목 및 주제 입력　　　　　　　　▲ 원하는 활동 클릭

04 학생들과 자신의 강점 공유하기 활동을 할 수 있는 패들렛 게시판이 생성되었습니다.

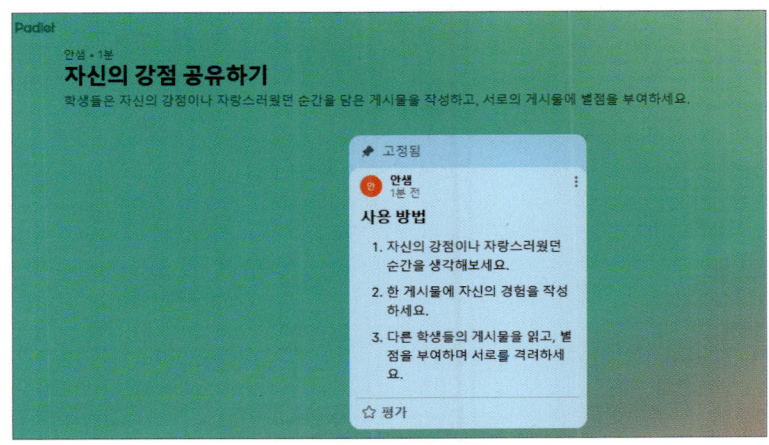

▲ 자신의 강점 공유하기 게시판 생성

교사의 TIP 수업 활동 생성 레시피는 수업 주제에 맞는 다양한 활동을 제시해주기 때문에 수업 전 미리 활용하여 학생들과 할 수 있는 다양한 활동을 계획해보는 것을 추천합니다.

패들렛 AI로 수업 설계하기

수업설계 레시피는 학습목표, 학습자료, 평가 등을 포함한 자세한 수업 설계를 인공지능의 도움을 받아 만들어볼 수 있습니다.

지금부터 수업 설계 레시피를 알아볼까요?

01 ❶[수업 설계] 레시피를 클릭합니다.

▲ 수업 설계 레시피

02 수업을 설계할 내용을 입력합니다. 수업 주제에 맞는 ❶[제목], [학년], [주제 또는 수업 목표], [주제 또는 수업 목표], [맞춰야 할 기준](옵션), [추가 세부정보](옵션)를 입력한 후 ❷[만들기]를 클릭합니다.

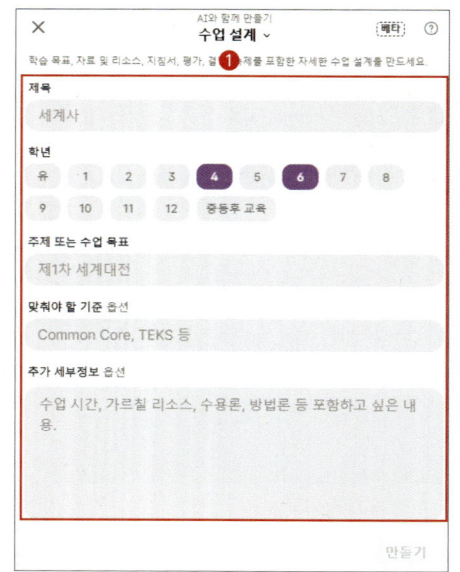

▲ 수업 설계 　　　　　　　　　▲ 수업 설계 내용 입력

03 만들어진 게시판을 확인합니다. 도시와 촌락의 공통점과 차이점을 학습할 수 있는 수업 과정이 설계된 게시물이 생성되었습니다. 실제로 사용할 수 있는 구글 폼 퀴즈, 영상 등의 링크를 제공하는 것을 확인할 수 있습니다.

▲ 수업 주제에 맞게 설계된 게시물

학습 주제에 따른 수업 설계가 어려울 때 수업 설계 레시피의 도움을 받아 인사이트를 얻을 수 있겠죠?

인공지능이 제안한 수업 설계에서 다양한 아이디어를 얻고, 자료를 가감하여 사용하면 멋진 수업을 설계할 수 있습니다.

또 다른 사례를 살펴보겠습니다. 지속가능한 발전 수업을 하기 위한 수업 설계를 인공지능에게 부탁해 보았습니다.

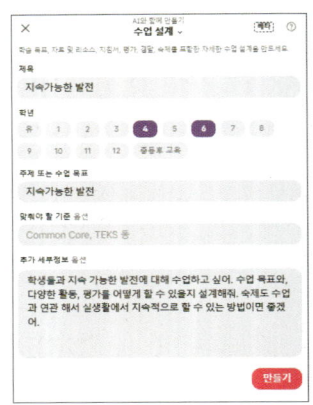
▲ 지속가능한 발전 수업 설계

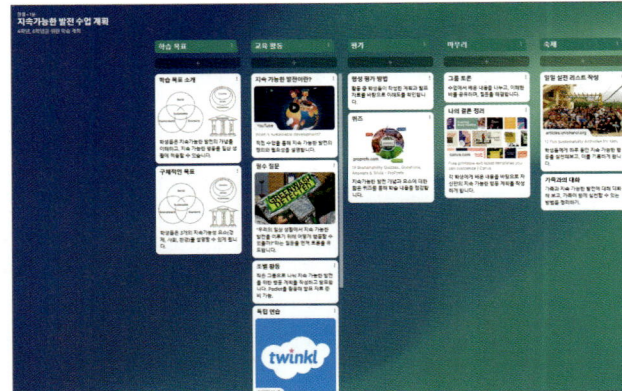
▲ 생성된 게시물

　지금까지 수업에 대표적으로 사용할 수 있는 5가지 레시피를 다루어보았습니다. 인공지능의 도움을 받아 다양한 자료를 찾고 구성하는 것은 물론, 실제로 사용할 수 있는 링크와 영상, 퀴즈 자료까지 생성하는 것을 확인할 수 있었습니다. 인공지능을 활용하면 수업을 준비하는 시간이 훨씬 줄어들겠죠? 앞으로 패들렛 AI기능을 활용하여 수업을 쉽고 빠르게 디자인해 보세요.

교사에게 꼭 필요한 추천 도서

교사를 위한 스프레드시트 활용 가이드
구글 시트로 스마트한 학교 만들기
지미정 외 공저 | 400쪽 | 24,400원

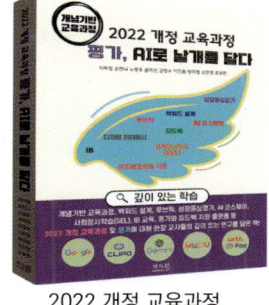

2022 개정 교육과정
평가, AI로 날개를 달다
지미정 외 공저 | 353쪽 | 21,000원

선생님을 위한
노션
실전기초/수업활용/학생관리/업무관리/업무자동화/노션AI
임세범 저 | 318쪽 | 21,800원

교실에서 바로 쓰는
챗GPT 교사 활용법
유수근 저 | 304쪽 | 19,800원

교실에서 바로 통하는
배움중심수업 에듀테크와 AI로 확! 잡자
유수근 저 | 196쪽 | 15,500원

"OECD 교육 2030" & "2022 개정 교육과정"
미래 교육 나침반
지미정 저 | 353쪽 | 17,700원